SURVIVRE À LA DÉPRESSION

ISBN 2-84024-235-4

Burtin, F-41600 Nouan-Le-Fuzelier
Société des Œuvres Communautaires, janvier 2006
ed.beatitudes@wanadoo.fr
www.editions-beatitudes.fr

Conception de la couverture : Atelier Béatitudes-Graphisme

Kathryn J. HERMES

SURVIVRE À LA DÉPRESSION

Une approche catholique

Éditions des Béatitudes

TITRE ORIGINAL : *Surviving Depression : A Catholic Approach*.

Published by Pauline Books and Media, 50 St Paul's Avenue, Boston, MA02130.

TRADUIT DE L'ANGLAIS : CHRISTIAN MEERT

J'exprime ma reconnaissance
à tous ceux qui m'ont confié
leurs histoires personnelles.

Introduction

La dépression a plusieurs visages

Si vous avez choisi de lire ce livre, c'est que vous vous êtes certainement déjà demandé s'il était possible de « survivre » à la dépression. Peut-être qu'en ce moment même, vous vous accrochez à tout ce qui peut vous donner une lueur d'espoir pour vous sortir de la dépression. Aux États-Unis seulement, on estime que 35 à 40 millions d'Américains souffriront de dépression majeure au cours de leur vie et que la moitié de ces gens souffriront de crises de dépression récurrentes. Malgré le nombre très important de personnes qui ont souffert de dépression, qui en souffrent ou qui connaissent quelqu'un qui en souffre, on est étonné de voir à quel point le grand public méconnaît la dépression.

Je ne suis pas psychologue. Je ne suis pas théologienne. Ma seule crédibilité en écrivant *Survivre à la dépression,* c'est que j'ai personnellement souffert de dépression majeure et que j'ai passé beaucoup de temps à me battre avec Dieu au cœur de ma dépression. Je connais la dépression de l'intérieur. J'ai vécu les angoisses spirituelles, conséquences de la dépression. J'ai connu la solitude, l'isolement, la peur de tout perdre et je crois sincèrement que ce n'est pas en lisant des tonnes de livres sur la dépression, ou en l'étudiant, qu'on peut la comprendre réellement, mais en vivant avec.

En juin 1985, j'ai été admise à l'hôpital Ste Elizabeth de Brighton dans le Massachusetts pour une simple opération sans hospitalisation. Je suis rentrée à l'hôpital dans la force de mes vingt-et-un ans, bien dans ma peau, pleine d'ambition et en excellente santé. Quand je suis sortie de la salle de réanimation, j'ai compris qu'il s'était passé quelque chose de très grave. Quatre jours plus tard, j'ai appris que j'avais eu une attaque cardiaque. J'étais paralysée du côté droit. Je ne pouvais pas me lever. Je n'avais plus de force. J'avais perdu presque toute ma mémoire. J'avais perdu mon vocabulaire, même le plus élémentaire. Deux semaines plus tard, après de nombreux examens, je sortais de l'hôpital et je commençais un long travail de rééducation.

Bien que j'aie récupéré la plupart de mes capacités motrices et ma coordination dès les premières années, j'ai souffert d'instabilité émotionnelle pendant les douze années suivantes. Je me suis retrouvée plongée dans un cycle maniaco-dépressif qui allait en s'accentuant. De violents renversements de l'humeur me faisaient passer des moments euphoriques d'hyperactivité à de moments de profondes ténèbres. Ce n'est que douze ans après ma crise cardiaque qu'on a découvert que je souffrais d'épilepsie temporale, qui est une forme d'épilepsie qui ne se traduit pas par les crises classiques de convulsions et de perte de connaissance. Ces crises ont leur origine dans une pathologie du lobe temporal. C'est un déséquilibre organique bipolaire. De me voir ainsi attribuer une nouvelle étiquette m'a plongée dans un autre cycle de dépression.

Dieu a plusieurs visages

Juste après ma crise cardiaque, je me souviens très clairement de ce que j'ai pensé alors : Dieu m'envoyait cette épreuve et j'allais l'accepter volontiers. Comme c'était la volonté de Dieu, Il devait avoir une bonne raison pour me l'envoyer. Et je l'acceptais paisiblement… ou du moins, c'est ce que je croyais. Il m'a fallu six ans pour me rendre compte à quel point j'étais en colère - en colère contre Dieu. J'en voulais à tous ceux qui étaient autour de moi, j'en voulais au monde entier. C'est à ce moment-là que j'ai commencé à suivre un accompagnement spirituel régulier. Plus je parlais de ce que je ressentais au fond de moi, plus j'étais en colère et plus j'avais l'impression que Dieu s'éloignait de moi. Je ne trouvais aucun sens à cette souffrance, à cette croix. J'ai passé plus d'un an à douter complètement de l'existence de Dieu. Dans cet abysse, j'ai lu et relu la deuxième partie du livre d'Isaïe, et les mots passaient sur mon cœur comme du papier de verre :

> *« Humiliée, ballottée, privée de réconfort, voici que moi je mettrai un cerne de fard autour de tes pierres, je te fonderai sur des saphirs, je ferai tes créneaux en rubis, tes portes en pierres étincelantes et ton pourtour en pierres ornementales. » Isaïe (54, 11-12)*

Je me battais avec Dieu au rythme des vagues de la dépression. Tandis que j'évoluais dans un brouillard de confusion et de désespoir, la même question me revenait sans cesse : *Pourquoi moi ?!* Je n'ai jamais reçu de réponse à cette question, pas le moindre indice qui me permettrait de comprendre le sens de ma souffrance, mais j'ai pu, petit à petit, *très* lentement, comprendre que ce n'était pas mon problème, que je n'avais pas besoin de réponse à cette question pour vivre ; ce mystère faisait partie de ma vie.

La dépression n'épargne personne. Les chrétiens sont touchés par la dépression au même titre que n'importe qui d'autre ; prêtres, religieux, religieuses souffrent aussi de dépression. Des adolescents dans la pleine exubérance de leurs rêves sont touchés. Même des enfants peuvent vivre une dépression. On pourrait croire que ceux qui ont la foi ou un bel avenir n'auraient aucune raison d'être en dépression. Ils peuvent prier, rêver ou s'en sortir par un effort de volonté. Cela fait mal de rencontrer tant de personnes qui y voient un manque de foi dans la puissance du Seigneur. En fait, la dépression n'est qu'une illustration de notre fragile condition humaine. D'une façon ironique, ces ténèbres sont souvent la source d'une immense créativité. C'est la nuit qui annonce la venue du divin.

Vous trouverez dans ce livre de nombreux exemples de dépression. Chaque histoire est unique. En lisant ces pages, vous vous reconnaîtrez ou reconnaîtrez des amis. Pourtant, aucune des expériences que je raconte dans ce livre ne sera exactement identique à la vôtre. Vous pourrez vous sentir plus déprimé ou moins déprimé que les personnes dont je parle. Vous pourrez sentir ou non les mêmes symptômes. Ce qu'il est important de comprendre, c'est que même si vous vous reconnaissez dans ces exemples ou si vous êtes confirmé dans certaines intuitions, rien ne peut remplacer un bon diagnostic. Ce livre n'a pas été écrit pour vous permettre de faire votre propre diagnostic et il ne pourra pas combler les besoins des personnes qui souffrent de dépression majeure ou de troubles bipolaires. C'est plutôt un compagnon pour vous ou vos amis qui se battent dans les méandres de la dépression. Tous ces propos sont enracinés dans la tradition catholique et dans une spiritualité qui vous apportera force, réconfort et une intense vision intérieure. Ces pages vous apporteront tous ces trésors et vous accompagneront à mesure que vous découvrirez Dieu par de nouveaux chemins tout au long de votre parcours.

« Ah, arracher ce cœur, une fois pour toutes,
et l'envoyer vers les étoiles…
Ce cœur si sombre, si plein de tristesse-
ce cœur si plein de souffrance aliénante
ce cœur abandonné, seul contre tous ces sentiments
corrompu par les rêves
et les tours de mon imagination
abandonné par la promesse et la tendresse.
Transformé si lentement en un cœur de pierre…
et maintenant ce tremblement

ce besoin de s'échapper…
de s'envoler vers le ciel et la liberté.
Et où serai-je quand tu prendras ton vol
m'emmèneras-tu avec toi
sur tes ailes perlées ? »

Sœur Thomas
Halpin, FSP,
le 24 avril 1994.

1

À quoi ressemble la dépression ?

« Je voudrais que personne ne sache quand je me sens si mal ; il m'arrive de ne même pas vouloir sortir du lit. »

Cheyanne

« Lorsque j'étais tout au fond de la dépression, j'avais l'impression de ne plus exister, d'être un fardeau. J'étais plongée dans les ténèbres, elles m'étouffaient. Quelques "vrais" amis qui me connaissaient "d'avant" et qui m'aimaient m'ont tendu des perches que j'ai pu attraper. Je priais toujours même si je pensais que c'était inutile, et un jour Jésus m'a interpellée à travers ce bourbier, Il m'a dit que lui aussi avait vécu ces mêmes ténèbres sur la croix. Dans ses derniers instants, Il a touché le fond de l'abîme. Il avait le sentiment d'avoir été rejeté par tous, même par son Père. J'ai voulu m'accrocher à cette image pour y trouver un espoir de vie, mais en vain. Je ne voyais pas comment sa situation pouvait ressembler à la mienne. J'en ai parlé à une amie et sa réponse a été

une de ces perches qui m'ont sauvé la vie : "Si tu ne peux pas croire aujourd'hui, laisse-moi croire pour toi. Crois que ce que je crois est vrai". »

Anne

« La dépression, c'était un trou noir vertigineux qui allait jusqu'à me submerger et me noyer », me disait un ami. « La demande d'énergie qu'il me fallait pour lutter était si grande que parfois, je me laissais submerger. J'étais complètement épuisé. » Tous ceux qui ont souffert de la dépression ont leurs propres images de cette période de leur vie dominée par cette maladie. La dépression est un état médical qui peut être accompagné de crises de panique, d'angoisses, de tristesse, de pensées suicidaires, de sentiments de désespoir et d'impuissance. On a l'impression d'être totalement submergé.

La dépression joue à cache-cache avec ses victimes. Les proches de la personne dépressive s'en aperçoivent souvent les premiers. Ils peuvent percevoir une certaine léthargie chez leur ami, ou être surpris par une anxiété inhabituelle. Mais les amis et les proches se lassent de cette profonde tristesse ou de cette attitude négative qui habite souvent la personne dépressive.

Pour beaucoup, la dépression est un signe d'échec. Le fait de dire que quelqu'un est dépressif peut être interprété comme une accusation, le constat d'une faiblesse intérieure. « Non, je ne suis pas dépressive, je suis juste fatiguée », vous répondra la personne dépressive. « Je n'ai aucune raison d'être déprimée. Pourquoi est-ce que je ferais une dépression ? » La personne qui souffre de dépression peut effectivement ne pas s'en apercevoir. D'ailleurs, dans la plupart des cas, elle ne le voit pas.

Comment savoir si je fais une dépression ?

Il y a plusieurs « niveaux » de dépression. Le cafard, le mal de vivre passager ou la tristesse suite à une perte peuvent temporairement perturber notre rythme de vie normal. Mais quand le trouble de l'humeur persiste alors que la cause a disparu, il faut sérieusement envisager la dépression. Quand la déprime s'est installée, que le dépressif trouve de moins en moins d'intérêt à la vie, seule une personne attentive à sa vie psychique et émotionnelle saura lui redonner le goût de vivre.

Ce n'est pas toujours facile de déceler la dépression dans ce que votre ami peut vous raconter. Au cours des années, quand je voulais en savoir plus et que je cherchais des livres sur la dépression, j'avais cet espoir secret : *Peut-être que la lecture de ce livre me donnera la preuve que je fais vraiment une dépression. Alors je saurai que je ne suis pas folle...* D'autres fois, je ne voulais rien savoir, espérant que mes sombres pensées intérieures resteraient cachées assez longtemps et que je pourrais me persuader que, finalement, tout allait bien. Certains jours, je voulais pouvoir mettre un nom sur ces pensées effrayantes que j'avais en moi, je voulais comprendre. Mais d'autres jours, j'essayais de me convaincre qu'elles n'existaient pas. Les personnes qui souffrent de dépression passent souvent du désir d'être certaines qu'elles font une dépression à celui d'être certaines qu'elles n'en font pas, du désir de savoir la vérité au désir de ne surtout rien savoir. Comment savoir si ce que vous ressentez sont les symptômes de la dépression ? Il faut commencer par se poser les questions suivantes :

Est-ce que je suis d'humeur changeante, fortement mélancolique ? La plupart du temps ? Tous les jours ?

Est-ce que j'ai perdu tout intérêt pour mes amis ou mes activités ?

Est-ce que j'ai pris ou perdu beaucoup de poids récemment ?

Est-ce que j'ai du mal à m'endormir ? Est-ce que je me réveille beaucoup trop tôt ?

Est-ce que le seul but de ma journée, c'est d'essayer de survivre et de finir la journée qui se présente ? Est-ce que je passe mon temps à me demander ce qui ne va pas chez moi ?

Est-ce que je me sens tout le temps fatigué ?

Est-ce que ma seule envie, c'est de ne rien faire ?

Est-ce que je me sens diminué ou sans énergie ?

Est-ce que je cherche refuge dans l'alcool, la drogue, le sexe, la pornographie ou tout autre paradis artificiel pour échapper à la réalité et à mes troubles intérieurs ?

Est-ce que j'ai du mal à me concentrer ?

Est-ce que je ne vois que mes défauts ?

Est-ce que je suis obsédé par la mort ou le suicide ?

Est-ce que je me sens anormalement agité ?

Est-ce que je pleure beaucoup ?

Origines de la dépression

Un simple déséquilibre biologique peut être à l'origine de la dépression. L'équilibre émotionnel est très lié à la formation et au fonctionnement d'un nombre de composants chimiques vitaux qui existent dans le cerveau : les neurotransmetteurs. Les neurotransmetteurs sont des messagers chimiques qui permettent aux cellules nerveuses (neurones) de communiquer. Les neurotransmetteurs sont libérés dans les espaces entre les cellules nerveuses, ils permettent la transmission des messages nerveux d'une cellule à l'autre. Une production insuffisante de neurotransmetteurs va ralentir la transmission des messages nerveux qui sont indispensables à la stimulation des différentes zones du cerveau. Quand les zones qui contrôlent les émotions sont touchées, cela peut entraîner une dépression.

Il existe d'autres maladies plus spécifiques qui peuvent également toucher les neurotransmetteurs et être cause de dépression. Il y a des maladies du système nerveux, des maladies infectieuses, des maladies du système immunitaire, des carences alimentaires qui peuvent aussi affecter les composants chimiques du cerveau. Un déséquilibre hormonal peut également causer une dépression. Les femmes peuvent faire de la dépression au moment de la ménopause. Certains facteurs génétiques peuvent aussi avoir un rôle déclencheur. Des études récentes ont montré que des individus dont certains gènes associés à la production d'éléments chimiques du cerveau sont atrophiés ont deux fois plus de chances de faire une dépression.

En plus des causes physiques, il y a les causes

psychologiques. Le stress est une cause psychologique importante. Aujourd'hui, la « surcharge d'information » est une des premières causes de stress et de dépression. Nous sommes bombardés d'informations à un rythme que notre système ne peut plus assimiler. La plupart des gens se sentent débordés à force d'être confrontés aux mails, aux messageries instantanées, bippers, fax, répondeurs, conférences téléphoniques, télémarketing. Ils sont également stressés par cette pression constante de devoir s'adapter à une technologie qui évolue sans cesse, qui accélère la vitesse d'exécution d'un travail qui tend de plus en plus à la perfection. Autrefois, une entreprise était en concurrence avec une autre entreprise de la même ville. Aujourd'hui, cette même entreprise est en concurrence avec le monde entier par Internet. Le stress de ne pas pouvoir suivre rend les personnes plus vulnérables à la dépression.

D'autres facteurs ou événements comme la perte d'un emploi ou d'un ami, le décès d'un proche, des difficultés financières, un déménagement, un changement d'école, peuvent être des facteurs de stress. Toutes les pertes qui nous affectent au cours de notre vie augmentent notre vulnérabilité. Une étude menée par les Universités de l'Oregon et de Pittsburgh a montré que statistiquement, les personnes qui ont vécu des périodes de stress sont plus sujettes à la dépression. Un stress prolongé ou profond associé à une surproduction d'hormones anti-stress peut fragiliser les zones du cerveau qui

« La dépression, comme un simple rhume, ne respecte pas la personne. »

Myra Chave-Jones, *Coping with Depression.*

maintiennent l'équilibre psychologique de la personne.

D'autres études récentes ont montré que l'humiliation est un facteur de dépression encore plus important que les pertes personnelles. Le décès d'un membre de la famille ou d'un ami est toujours un événement triste, mais qui ne touche pas notre identité propre de la même façon que l'humiliation qui résulte de la perte d'un emploi, l'humiliation de travailler sous les ordres d'un supérieur qui dénigre votre travail, ou l'humiliation d'une carrière sans éclat.

Cinquante pour-cent des personnes qui souffrent d'un déséquilibre post-traumatique souffrent aussi de dépression. Un déséquilibre post-traumatique survient quand une personne a subi ou a été témoin d'une situation extrêmement grave comme des actes de guerre, des cataclysmes naturels, des attaques terroristes, des accidents mortels, des agressions personnelles violentes comme le viol. La dépression est associée à un déséquilibre post-traumatique, et les symptômes peuvent être assez graves, au point d'affecter le quotidien de la personne.

La mauvaise opinion que nous pouvons avoir de nous-mêmes peut favoriser le déclenchement de la dépression. Les personnes qui nourrissent un idéal sont un trésor pour l'humanité. Leurs idéaux et leurs valeurs sont des exemples à suivre. Néanmoins, ces personnes peuvent se préparer un terrain favorable à la dépression. Premièrement, quand elles ne parviennent pas à atteindre leur idéal de vie, elles peuvent alors devenir cyniques et plonger dans la dépression ; deuxièmement, si ces personnes arrivent à atteindre le but qu'elles se sont fixé, sitôt le but atteint, elles voudront s'en fixer un autre plus difficile. La vie peut devenir alors une éternelle course aux rêves et aux utopies.

Certains idéaux chrétiens trop élevés peuvent nous

entraîner vers la dépression. Les buts que nous nous fixons peuvent tout simplement être impossibles à atteindre, par exemple : *Les chrétiens ne se mettent jamais en colère. Les chrétiens ne divorcent pas. Les familles chrétiennes n'ont pas de problèmes. Dieu n'aime que les chrétiens qui sont parfaits.* Si nous avions suffisamment de foi, nous n'aurions pas besoin d'antidépresseurs. Si nous croyions à la puissance de la prière, ne serions-nous pas parfaitement heureux ? Si nous avions la foi, ne serions-nous pas capables d'être exemplaires ? Vouloir « assumer son rôle », c'est peut-être un des problèmes dans lequel un chrétien peut se retrouver. Nous imaginons ce que doit être le « chrétien idéal », que *nous ne sommes pas*. Mais nous pouvons nous laisser aller à croire que nous sommes ce « chrétien idéal », au moins de temps en temps. Alors quand des événements de la vie viennent briser cette fausse image de nous-mêmes et que nous découvrons que nous ne sommes pas ce « bon chrétien », tout peut basculer. La tyrannie de l'image du « chrétien idéal » conduit à une forme particulière de dépression, une dépression qui tourne autour d'une certaine peur de Dieu. Dieu n'aimerait pas ceux qui ne vivent pas selon les « attentes » que nous nous sommes imposées - qui ne sont pas celles de Dieu. Cette confusion entre nos attentes et celles de Dieu nous laisse un sentiment d'échec et de défaitisme. Nous recherchons notre propre perfection : *« Ô Dieu, je te rends grâce de ce que je ne suis pas comme les autres hommes qui sont voleurs ou malfaisants, adultères... »* (cf. Lc 18, 11). Alors que Dieu, au contraire, nous donne la grâce de la réconciliation avec nous-mêmes.

Finalement, nous avons le sentiment que les autres ne nous comprennent pas, ce qui ne fait qu'accentuer la dépression. Aucune personne normale n'attend d'un enfant qui vient de se casser la jambe qu'il fasse un cent mètres ou qu'il porte des valises. Il faut être réaliste, mais c'est également vrai qu'il est difficile de comprendre une personne qui souffre de dépression, il est même parfois impossible d'être sensible à sa situation. Les dépressifs ont peur d'admettre leur état. Non seulement cela voudrait dire qu'il faut aller voir un médecin ou un psychiatre et prendre des médicaments, mais ce serait aussi s'exposer aux stigmates associés à la dépression, à la maladie mentale, ce qui pourrait les isoler, peut-être leur faire perdre leur emploi, être incompris de leurs familles. Souvent, les personnes qui souffrent de dépression s'enferment dans leurs peurs. Elles restent seules avec leurs angoisses, elles prétendent être fortes, et en même temps, elles souhaitent parler de leur état avec quelqu'un.

La dépression est une maladie complexe qui s'explique mieux par l'interaction entre les gènes et les circonstances que par les gènes ou les circonstances pris séparément.

Jésus a sanctifié les larmes

Les personnes qui souffrent de dépression ressentent leur propre vulnérabilité d'une façon très profonde. Jésus s'est rendu vulnérable. Il a pleuré, il est mort dans une situation d'échec apparent, il a quitté cette terre avec seulement une poignée de disciples qui l'avaient quand même abandonné quelque temps auparavant. Alors qu'il était suspendu à la croix, il n'avait plus que sa confiance en son Père, ce trésor que nul ne pouvait lui enlever. Jésus a sanctifié les larmes, parce qu'il a lui-même pleuré. Il a connu l'agonie et la frustration que nous connaissons face à nos problèmes. Il a choisi de porter sur lui tout ce qui était humain, et de le prendre avec lui pour aller vers le Père. Celui qui est assis à la droite du Père sait ce que c'est que de pleurer. Il a prêché un monde à l'envers où les pauvres, les marginaux, les souffrants, ceux qui agonisent à travers les souffrances émotionnelles deviennent les premiers, les privilégiés. Ils occupent les places d'honneur.

La vulnérabilité qui découle de la dépression paraît n'avoir rien de saint. C'est plutôt l'enfer. Il semble qu'il n'y ait plus de lumière pour nous guider. Il semble qu'il n'y ait plus d'alternative. Il semble qu'il n'y ait plus de raisons de vivre. Peu d'expériences nous montrent notre vulnérabilité d'une façon si aiguë.

Au cours de l'hiver 1829, François Libermann, jeune séminariste à St-Sulpice à Paris, commence à ressentir une extrême fatigue. Il peut difficilement contrôler ses émotions. Il pense que ce sont les études de théologie qui l'épuisent, il suit les conseils de son médecin et s'absente de ses cours pour pouvoir se reposer. Malgré cela, Libermann se sent de plus en plus mal à l'aise, comme s'il pressentait que quelque chose de sérieux mine sa santé. Un jour alors qu'il visite un autre séminariste à l'infirmerie, il ressent un choc violent dans son corps. François tombe à même le sol, en proie à une crise d'épilepsie. Lorsqu'il se réveille quelques heures plus tard, couché sur un lit de l'infirmerie, François a le sentiment d'avoir été battu à coups de bâton. La tête lui tourne, son regard est trouble. Habitué à prendre Jésus pour modèle, François se tourne vers son Seigneur à qui il a tout donné et fait cette prière : « Il est bon, Seigneur, que tu aies permis ce qui m'est arrivé. Je suis dans les tourments mais pas dans le désespoir. »

Quand le médecin vient voir François, il est surpris de le trouver calme et souriant. Les crises d'épilepsie, habituellement, laissent les victimes dans un état d'hypersensibilité, de tristesse et de dépression. Le médecin s'étonne de ne voir aucun de ces symptômes chez le jeune séminariste. C'est après le départ du médecin que l'angoisse envahit l'esprit de François. Il panique à la pensée d'être forcé d'abandonner son rêve d'être ordonné prêtre à cause de sa santé. Cette angoisse l'entraîne à penser que c'est une punition de Dieu pour quelque chose qu'il aurait pu faire et cette idée le plonge dans la peur et dans un sentiment de culpabilité morbide. François se battra toute sa vie contre la dépression ; toute sa vie, il passera de la paix au désespoir.

« Souviens-toi :
Tu es en sécurité.
Tu es aimé.
Tu es protégé. »
Henri Nouwen,
The Inner Voice of Love.

Avec le temps, les crises d'épilepsie s'accentuent. François Libermann commence à appeler son mystérieux tourment « mon mal bien-aimé ». Quand il est envahi par la dépression, il se réfugie à la chapelle ou s'enferme dans sa chambre, et s'agenouille en prière, en attendant que les nuages noirs s'éloignent. Il se défend contre l'angoisse qui suit ses crises par un abandon paisible à l'amour de Dieu. Malgré son désir d'accepter ses problèmes de santé avec confiance et un amour paisible, il vit tout cela avec un grand sentiment d'échec, de solitude et de découragement. La dépression le conduit souvent à la tentation de se jeter dans la Seine. Les eaux sombres semblent l'appeler à en finir avec la misère de sa vie. La tentation est puissante, presque irréversible. Il doit courir en traversant les ponts, s'il ne veut pas se laisser tenter par l'appel des sirènes qui semblent lui promettre la paix. François Libermann avoue un jour qu'il ne traverse jamais un pont sans ressentir cet appel pressant à se jeter dans les eaux. Ce besoin incontrôlable d'en finir avec sa vie est si puissant qu'il ne garde jamais un couteau ou tout autre objet tranchant dans sa chambre.

Finalement, à regret, ses supérieurs le renvoient du séminaire. La souffrance de François a fait de lui un expert dans la connaissance des souffrances et des combats des autres. Petit à petit, les séminaristes viennent le voir pour des conseils spirituels et il devient maître des novices dans la Société de Marie et Jésus, plus connue sous le nom de Spiritains, fondée par St Jean Eudes pour la formation des prêtres missionnaires. À un moment, François rassemble une petite communauté religieuse pour aller aider des esclaves récemment libérés en Haïti, à la Réunion et à l'île Maurice.

Pour cela, François Libermann se rend à Rome en 1838, il demande la permission de former et de diriger cette nouvelle congrégation. Pendant son séjour à Rome, il rencontre le pape Grégoire XVI, qui, en le bénissant, a cette parole prophétique : « Sara un santo », (il sera saint). Avec l'accord du Vatican, il démarre la nouvelle congrégation et à la Pentecôte 1841, François Libermann est enfin ordonné prêtre.

Croire en l'amour de Dieu pour soi

L'expérience personnelle de la souffrance que François Libermann a vécue dès sa jeunesse fait de lui un compagnon doux et perspicace pour ceux qui souffrent. Aujourd'hui, il est connu comme le Vénérable François Libermann, ce qui veut dire que l'Église a reconnu l'héroïcité de ses vertus. Ses souffrances l'ont accompagné jusqu'à l'heure de sa mort. Il priait souvent ainsi :

> *Ô saint et adorable Esprit de Jésus, laisse-moi entendre ta douce voix. Ravive-moi de ta précieuse inspiration. Ô Esprit divin, je veux être devant toi, comme une plume légère, pour que ton souffle puisse me porter là où tu le désires et que je ne puisse pas t'offrir la moindre résistance.*

François Libermann a appris que chaque expérience dans la vie, même la plus décourageante, peut venir du souffle de l'Esprit Saint, parce que nos souffrances ne définissent pas qui nous sommes. Malgré le voile, tissé par la dépression, qui recouvre notre vie, la dépression ne détermine pas notre être profond. Comme le pape Jean-Paul II l'a souvent dit aux malades et aux infirmes : « Dieu choisit les faibles et les petits pour manifester son pouvoir divin à ceux qui croient en lui, plus spécialement aux moments où tout semble perdu. » François Libermann est un excellent guide pour ceux qui souffrent de la dépression. Son enracinement inconditionnel dans l'amour que Dieu a pour lui, lui a donné le courage d'abandonner sa vie au souffle de l'Esprit qui ouvre toujours les portes de l'espérance.

Suggestions de prière

Priez le premier des mystères douloureux du Rosaire : l'Agonie de Jésus au jardin de Gethsémani. Récitez cette dizaine de chapelet lentement - un *Notre Père* et dix *Je vous salue Marie* - en essayant de rester avec Jésus, dans ses souffrances et ses larmes. Entrez en Jésus et voyez, de l'intérieur, ce qu'il ressent quand il prie le Père de lui envoyer son secours. Puis invitez Jésus à sentir, de l'intérieur, ce que vous ressentez. Écoutez le message qu'Il veut vous confier.

Pour la personne qui souffre de dépression

- Faites un tableau de tout ce qui peut vous aider à comprendre votre dépression.
- Écrivez votre histoire personnelle. Soulignez les événements importants, les temps forts dans la prière, vos rêves, vos aspirations, les brusques changements d'orientation, les découvertes surprenantes auxquelles vous ne vous attendiez pas.

Pour un ami qui souffre de dépression

Prenez quelques heures, un week-end sur deux, pour rendre visite à une personne qui souffre de dépression. Donnez-lui des distractions, emmenez votre chien/chat si vous en avez un. Écoutez-la patiemment, montrez-lui que vous la comprenez. Invitez-la à aller au cinéma, à déguster une glace ou à faire une promenade avec vous.

Quelques symptômes de la dépression

- Pleurs.
- Colère.
- Changements de poids.
- Peurs, anxiétés.
- Violentes sautes d'humeur.
- Isolement.
- Irritabilité.
- Désespoir.
- Sentiment de culpabilité.
- Hypersensibilité.
- Sanglots.
- Sentiment d'incapacité.
- Changements dans le rythme de sommeil.
- Sentiments incontrôlables de désespoir.
- Perte d'appétit ou gloutonnerie.
- Apathie.
- Sentiment d'inutilité.
- Manque de motivation.
- Sentiment de futilité.

2

« Force-toi un peu »

« Je ne sais pas pourquoi j'ai envie de pleurer. Quand je suis avec des amis, si je leur dis ce que je ressens, j'entends toujours les mêmes commentaires : "Ça y est, c'est reparti !" ; "Change de disque, tout le monde a des soucis." Ce que je voudrais, c'est seulement qu'on m'écoute. »

Cherrie

« Un jour, une de mes amies m'a dit : "Tu as besoin d'aide ; tu es en pleine dépression." Je lui en serai toujours reconnaissante. Je ne m'étais pas rendu compte de l'état dans lequel j'étais. En fait, je n'avais même pas réalisé à quel point je souffrais. Je pensais que c'était normal et que tout le monde vivait la même chose. C'est mon amie la plus fidèle, elle m'a accompagnée tout au long des trois années qu'a nécessité ma guérison. »

Marie

Tous les dépressifs ont entendu, une fois ou l'autre, ce type de commentaires :

« C'est bon, tout le monde a son jour de cafard. »

« Regarde le bon côté des choses. »

« Ramasse les morceaux et redémarre. »

« Tu vas rebondir. »

« Ça passera, ne t'en fais pas. »

« Force-toi un peu. »

« Prends la vie du bon côté. »

« Ce n'est pas si terrible. »

Il arrive un moment où ceux qui souffrent de dépression sentent que c'est ce que les gens pensent, même si ce n'est pas exprimé. Et ils peuvent se dire : « Ils ont peut-être raison. Je me regarde trop le nombril. Si je me force, je dois pouvoir m'en sortir. » Mais à d'autres moments, ils en ont assez d'entendre ce type de clichés et c'est la colère.

« Si je *pouvais* me sortir de ce marasme, je le ferais ! »

« Parfaitement, c'est vrai que ma situation est insupportable ! »

« Non, il n'y a pas de bon côté des choses ! »

« Je peux vous garantir que *je n'ai pas cherché à être comme ça* ! »

Au cœur de la dépression, on est tenté de hurler ces mots à ceux qui sont insensibles à notre tristesse. Quelque part au fond de soi, on a peur qu'ils aient peut-être raison : « Si je me forçais un peu, peut-être que je pourrais m'en sortir. » Le fait est qu'on ne peut pas se débarrasser de la dépression par sa seule bonne volonté. La dépression, comme toute maladie, doit être traitée sérieusement. Admettre que l'on fait une dépression n'est pas un signe de faiblesse ; *ne pas l'admettre* en est un.

Quand nous sommes dépressifs, nous avons juste besoin d'une personne qui veut bien nous écouter, à qui nous pouvons confier ce qui nous fait mal, une personne qui veut bien voir les larmes qu'on n'arrive pas à verser. La dépression, c'est un gouffre noir qui se referme sur nous, qui élimine toute étincelle de lumière et souvent, nous n'avons plus qu'un seul désir, c'est de parler de ce gouffre noir. La dépression peut nous enlever toute notre énergie, toute notre capacité d'attention.

Il ne faut pas non plus se faire d'illusions : les conversations qui ne tournent qu'autour des mêmes problèmes et de la même personne vont vite faire fuir les amis, même les plus proches. Les coups de téléphone s'espacent et s'arrêtent rapidement. Les personnes qui veulent se détendre ne vont pas rechercher la présence de dépressifs, c'est trop lourd affectivement. Petit à petit, le dépressif se retrouve isolé du reste du monde. Les amitiés s'effilochent imperceptiblement à mesure que le dépressif se retranche dans un monde qui devient de plus en plus incompréhensible aux autres, sans espoir. L'isolement, le manque d'estime de soi, la peur d'être abandonné, refroidissent toute tentative de lier de nouvelles amitiés ou de réactiver les anciennes. On peut même ne plus vouloir avoir d'amis ; on n'en a plus l'énergie. L'amitié qui est bâtie sur une attirance mutuelle ou une certaine synergie semble être cruellement hors de portée.

L'amitié habitée par le Christ

La vie, la mort et la résurrection de Jésus ont transformé l'amitié. Pour les chrétiens, l'amitié n'est pas une simple attirance où l'on recherche ce qu'une personne peut nous apporter, mais c'est le don de soi aux autres, et cela pour suivre l'exemple que Jésus nous a montré. En Jésus Christ, les chrétiens sont appelés à vivre et à adorer *en communauté.* La communauté chrétienne est un modèle de l'amour. Chacun de nous est appelé à devenir l'ami intime du Seigneur et de chacun : ces amitiés sont « amour » parce qu'elles sont reçues et construites ensemble. Dans la communauté chrétienne, le riche vit et adore avec le pauvre, le génie de l'informatique avec l'élève de sixième, le plus sophistiqué avec le plus simple, le PDG avec le mécano. La communauté chrétienne existe quand les individus incarnent ce renouveau du potentiel de la nature humaine et l'état de grâce communautaire que le Christ a rendu possible. Les chrétiens sont appelés à vivre dans une communauté de personnes rassemblées non par une simple attirance les unes envers les autres, parce qu'on se sent bien ensemble, mais par un appel du Christ Jésus, dans la force de l'Esprit Saint, pour la gloire de Dieu le Père.

Créer un groupe de soutien

« Il est indispensable d'être entouré de personnes à qui on peut se confier, affirme Karl. On sait qu'elles sont toujours là “au cas où”, quand on est dans le trou et qu’on a besoin d’une aide urgente ! » Si vous souffrez de dépression, ce n’est pas facile de garder des amitiés fidèles, mais ces amitiés sont vitales pour guérir. Commencez par trouver au moins cinq personnes que vous pouvez appeler quand vous en avez besoin, mais n’oubliez pas que réciproquement, il faut que ces personnes puissent également compter sur vous. Cherchez des personnes qui peuvent vous comprendre, vous écouter, des personnes qui peuvent vous soutenir dans ce que vous êtes avec votre propre personnalité, dans vos qualités, des personnes avec qui vous pouvez avoir des conversations pleines d’affection, d’humour et de sincérité. Assurez-vous de trouver dans ce groupe une ou deux personnes qui vous sortiront de votre marasme en vous emmenant passer un bon moment au cinéma ou ailleurs. Les membres de votre groupe de soutien doivent être ouverts, à l’aise quand vous exprimez vos sentiments et vos besoins. Vous devez chercher à vous entourer de personnes capables de vous accepter avec vos hauts et vos bas, sans vous juger. Ce peut être des membres de votre famille, votre époux (se), des âmes sœurs, des thérapeutes, des conseillers, des membres de votre paroisse, des voisins, etc.

Après avoir constitué ce groupe de soutien, il faut voir et exprimer clairement comment vous voulez, ou ne voulez pas, être traité quand vous êtes

« Je n’ai probablement pas changé le monde mais si j’ai, d’une façon ou d’une autre, aidé ou encouragé quelqu’un le long du chemin, j’ai fait ce à quoi j’étais appelée. »

Sœur Thea Bowman.

déprimé ou en crise. Vous devez parler sincèrement avec chaque personne et chaque personne doit pouvoir s'exprimer librement et vous dire si elle se sent capable de répondre à vos demandes telles que vous les exprimez. Demandez-leur aussi quelles sont *leurs* préférences à elles. Demandez-leur quel est le meilleur moment pour les joindre ? Quand est-ce qu'elles sont disponibles pour aller prendre un café ou se rendre au cinéma ? Essayez d'accorder au maximum vos besoins à leurs possibilités. Selon la personnalité et les qualités de chaque personne, vous pourrez en contacter une pour parler au téléphone, une autre pour lui demander son avis avant de prendre une décision, une troisième pour une sortie au cinéma ou simplement quelqu'un qui vous fasse rire.

Peut-être qu'une des personnes de votre groupe voudra vous accompagner à la messe le dimanche ou prier avec vous, même au téléphone. Vous pouvez essayer de suivre des méditations imagées, vous pouvez même le faire par téléphone. Il m'est déjà arrivé de prier avec des amis au téléphone quand ils en avaient besoin. Par exemple, en priant, nous imaginons la présence de Jésus. Je leur demande de lui parler, de lui donner toutes leurs peurs, leurs souffrances. Je leur suggère des paroles qu'ils peuvent répéter à Jésus, souvent ils poursuivent leur conversation avec Jésus alors que je suis toujours au téléphone. Je termine en leur demandant ce que Jésus a pu leur dire. Il est toujours émouvant d'assister à la rencontre d'une personne avec Jésus. Pendant ces temps de prière, j'ai pu sentir de quelle façon Jésus les avait calmés, comment il avait permis à son amour de guérir en douceur leurs peurs et leurs soucis.

À mesure que ces relations de don de soi et de

disponibilité grandissent, vous découvrirez des petites choses sur chaque personne du groupe de soutien. Quand vous le pouvez, envoyez une carte d'anniversaire, un petit mot de votre lieu de vacances. Apportez un dessert, même si vous devez l'acheter parce que vous n'avez pas l'énergie de cuisiner. Essayer de connaître leurs goûts afin de les gâter quand vous vous rencontrez. Essayer de sentir quand ces personnes sont stressées, offrez-leur d'aller prendre un café, d'aller promener le chien ensemble, envoyez-leur un mail.

Le don du sacrifice et l'acceptation reconnaissante du don

Gail a quarante-cinq ans, elle vit en Virginie et l'amitié a changé sa vie. Elle avait dix-neuf ans quand elle a été déclarée maniaco-dépressive. Elle a accepté volontiers de suivre un traitement et a pu mener une vie bien remplie. Dix ans plus tard, elle est fauchée par une voiture et tout son monde s'écroule. Ses troubles de l'humeur deviennent de plus en plus forts, à tel point que sa famille pense ne plus pouvoir s'occuper d'elle. « Ma mère souffrait déjà d'une maladie bipolaire, la charge était devenue trop lourde pour la famille. J'ai essayé de trouver un travail et de vivre seule. Je me souviens de cette période comme d'une période extrêmement difficile. Les médicaments ne faisaient plus effet, j'ai même fait une tentative de suicide. » Le « miracle » de guérison que le Seigneur a opéré en elle a été un miracle de l'amitié. « J'étais désespérée, se souvient Gail, alors j'ai passé une annonce dans un quotidien. Imaginez le volume de pages d'un quotidien de grande ville et une toute petite annonce, à peine trois lignes. Imaginez que quelqu'un tombe sur cette petite annonce, la lise et vous appelle. C'est ce qui s'est passé. Nous nous sommes rencontrés, Ben et moi, et nous nous sommes mariés. Pour moi, c'est ça le miracle : Dieu a organisé notre rencontre. Ben m'a trouvée et a découvert quelque chose en moi qu'il a aimé. Malgré tout ce que je pouvais penser de moi, il a trouvé ce quelque chose. »

Ben se souvient du jour où Gail lui a dit qu'elle souffrait d'une maladie bipolaire. « Je ne m'attendais pas à ça, mais plus j'y pensais, plus je réalisais que ce n'était pas une raison suffisante pour arrêter notre relation. Au moment où nous avons décidé de nous marier, j'avais accepté cette maladie comme faisant partie de sa vie. »

Gail est convaincue que c'est l'amour qu'elle a reçu qui lui permit de s'en sortir. « Ben est le meilleur des maris, dit-elle. Il m'a donné la stabilité dont j'avais besoin et tout l'amour que j'ai toujours désiré. En retour, je lui donne toute l'attention, le soutien affectif, l'écoute dont il a besoin. » Aider quelqu'un enrichit votre vie d'une façon que personne d'autre ne peut voir. « Ne craignez pas de fréquenter une personne dépressive, dit Ben. Notre relation nous a beaucoup aidés tous les deux. Être amoureux l'un de l'autre, être ensemble, c'est ce qui a rendu notre vie merveilleuse. »

« Seigneur, bénis les pauvres, les malades et notre race humaine. Seigneur, bénis notre nourriture. Seigneur, étreins tous les foyers. »

Sainte Brigitte de Kildare.

Les amitiés basées sur le don du sacrifice et l'acceptation reconnaissante du don - de la part des deux personnes - fait monter le niveau d'amour dans le monde. Le fait d'avoir un but qui le dépasse peut permettre à un dépressif de faire un pas de plus dans la relation à l'autre, à la présence. Plus souvent que vous ne le pensez, les autres attendent que vous leur demandiez de faire partie de votre vie. Dans une perspective profondément chrétienne, ces personnes deviennent des amis intimes parce que leur amitié transcende cette attirance et cet intérêt mutuels. Nous pouvons devenir un sacrement, un signe visible de la présence du Christ les uns pour les autres, une réalité eucharistique à travers le don de soi, c'est le caractère propre à ces relations.

La Liturgie : une école de la fidélité de Dieu

La liturgie eucharistique amène les plus profondes de nos émotions en contact avec le *pathos* de Dieu. La liturgie eucharistique est le seul endroit qui peut contenir la tension de nos peines et l'exubérance de notre louange. La souffrance sans la louange est mortifère ; la louange qui ne rencontre pas la peine est une expérience creuse. Dans les rites et les prières de la liturgie, dans les lectures et les doxologies, nous découvrons qui nous sommes, mais aussi et surtout, nous découvrons qui est Dieu, qui Il est pour nous. Dans la répétition réconfortante des rites et des prières, nous sommes enseignés et configurés par l'histoire de l'intervention divine dans notre vie.

Les préfaces des prières eucharistiques de la messe, en particulier, sont des lieux privilégiés de cette découverte. Chaque préface rappelle un mystère de la création et de la rédemption. La préface de la Prière Eucharistique II affirme que Jésus est « le Verbe par qui le Père a créé l'univers, le Sauveur qu'Il a envoyé pour notre rédemption », né de Marie par la puissance de l'Esprit Saint. Jésus détruit la mort, ressuscite des morts et gagne pour le Père « un peuple saint », dont nous faisons partie. Dans la première préface de Pâques, nous louons Dieu de nous avoir envoyé son Fils devenu le sacrifice pascal. « Il est l'agneau véritable qui a pris sur lui tous les péchés du monde. » La deuxième préface de Pâques nous rappelle que Dieu « a fait de nous des enfants de lumière, nous élevant à une vie nouvelle et éternelle. » Dans la première préface du Temps Ordinaire, nous rappelons que : « Partout nous proclamons tes œuvres puissantes, tu nous as appelés *de nos ténèbres à ton admirable lumière.* » Dans la deuxième préface de Noël, nous nous émerveillons du mystère de l'incarnation : « Nul œil ne peut voir la grandeur de Dieu, et pourtant nous pouvons le voir comme l'un de nous… Il est venu pour appeler toute chose à lui, pour rétablir l'unité dans la création et pour mener l'humanité en exil dans le royaume des cieux. » Comme si devant le mystère des ténèbres, nous rejoignions les anges et les saints en louange devant le Seigneur qui chantent le *Sanctus*.

La Prière Eucharistique IV rappelle que Dieu recherche l'homme dès l'instant de la création à travers les alliances et les prophètes qui nous ont appris à croire et à espérer. Dans la plénitude des temps, Dieu nous donne ce qu'il avait de plus précieux pour être notre Sauveur : le

Fils qu'il aime comme Lui-même. Dieu nous l'a envoyé dans l'amour pour proclamer la bonne nouvelle, la liberté, la joie et par son obéissance et sa mort, il a conquis notre rédemption pour que nous puissions vivre pour Dieu seul.

Dans la liturgie de l'Eucharistie, la peine et la souffrance de la désobéissance avec la vulnérabilité de l'humanité rencontrent l'amour souffrant d'un Dieu qui ne veut pas laisser son peuple mourir. Nous sommes pris dans cette œuvre eucharistique de Jésus, le divin Bon Samaritain qui se met au service de ses créatures, qui lave les pieds de ses disciples, et qui se penche sur toutes nos blessures dans la liturgie. Les relations que vous avez avec les membres de votre groupe de soutien ou avec ceux qui partagent avec vous les peines et les difficultés de votre dépression, sont des relations de Bon Samaritain, qui étendent la présence de Jésus, Serviteur et Samaritain, dans notre monde d'aujourd'hui.

Ce que je reçois dans la liturgie eucharistique ne dépend pas de comment je me sens ou si j'ai l'impression d'avoir ressenti quelque chose pendant la messe. C'est bien plutôt ce que Dieu accomplit et toutes les promesses qu'Il nous a faites et qui se réalisent. Pour nous Catholiques, la journée n'a pas pleinement commencé tant que nous n'avons pas rejoint nos frères dans la louange et l'action de grâce envers notre Dieu au milieu de toutes nos activités terrestres. Prier *pour* et *avec* ce monde en souffrance, en dehors de nos propres souffrances, c'est apprendre le vrai sens de la louange et de la bénédiction ; c'est proclamer de la façon la plus authentique que Dieu est Dieu, le Seul qui mérite notre louange et notre adoration. Poursuivre notre adoration dans la liturgie, reconnaître la présence de Dieu dans l'adversité aussi bien que dans les bénédictions, c'est comprendre encore plus profondément qui nous sommes vis-à-vis de Dieu. Nous participons pleinement à la liturgie quand nous y apportons la vie véritable dans la guérison et la consolation. C'est l'œuvre de Dieu qui nous réconcilie et nous illumine. Nous y apprenons à parler le langage de notre prière. Nous sommes refaçonnés et nos désirs illuminés à travers la répétition des hymnes de louange, et d'action de grâce. Nos voix s'élèvent avec celles des anges dans la proclamation de la puissance de l'amour de Dieu : *Saint, Saint, Saint est le Seigneur, Dieu de pouvoir et de majesté.* La liturgie est une école où nous apprenons à nous souvenir de qui Dieu a promis d'être, pour nous souvenir de qui Il est. Ainsi nous saurons avec certitude qui Il sera pour nous. Alors, et alors seulement, nous pourrons rappeler à Dieu d'être Dieu, qu'Il a promis de venir et de nous sauver *maintenant !*

Suggestions de Prière

Pour cet exercice, utilisez un vieux missel, prenez un temps de silence, trouvez et soulignez ce que Dieu a fait pour vous en suivant le déroulement de la messe. Entourez les mots : louange, action de grâce, et joie. Lisez quelques passages des Écritures qui expriment la condition humaine dans tous ses drames et sa complexité. Suivez la messe avec ce missel pour entrer plus profondément dans le mystère de la liturgie où Dieu nous soutient et nous guérit par sa puissance et son amour.

Pour la personne qui souffre de dépression

Faites une liste de cinq personnes qui pourraient faire partie de votre groupe de soutien. Écrivez, pour vous, ce que vous voudriez leur demander.
Après les avoir contactées, expliquez-leur ce que vous attendez d'elles et formez une équipe de personnes qui pourront vous apporter leur aide et leur amitié quand vous en aurez besoin.

Pour un ami qui souffre de dépression

Essayez d'être attentif, d'analyser ce que vous dites et de vous rendre compte si vous utilisez des clichés avec votre ami dépressif. Si oui, changez votre approche et posez des questions de ce genre : « Peux-tu me dire ce que tu ressens ? » De temps en temps, invitez votre ami à passer un moment fraternel, amical avec vous.

Suggestions pour trouver de l'aide

(Dans les suggestions que je vous donne, toutes ne sont pas utiles ou possibles pour tout le monde tout le temps. Choisissez celles qui vous conviennent le mieux à un moment donné.)

- Parlez avec des amis.
- Proposez d'aider quelqu'un.

- Participez vous-même à un groupe de soutien.
- Trouvez-vous un passe-temps qui vous intéresse, que vous pourriez faire avec quelqu'un.
- Ne restez pas seul.
- Si vous n'en avez pas, prenez un chat, un chien, ou un oiseau.
- Allez à la messe avec un ami.
- Allez vous promener avec un ami.
- Téléphonez à une ligne SOS.
- Faites du sport avec un ami.
- Participez à la vie de la paroisse.
- Gardez de bonnes relations et parlez avec votre famille.
- Passez du temps avec vos amis.
- Laissez-vous aimer.
- Parlez aux gens de votre paroisse.
- Priez.
- Engagez-vous dans un groupe de prière.
- Choisissez de fréquenter des personnes qui ont un esprit positif, qui ne passent pas leur temps à vous critiquer, à vous juger ou à essayer de vous changer, mais qui vous acceptent tel que vous êtes à ce moment de votre vie.
- Soyez vous-même, n'essayez pas d'être ce que les autres attendent de vous.

3

« Pourquoi Dieu ne me guérit-il pas ? »

« Je suis le plus misérable des hommes sur cette terre. Si la souffrance que je vis pouvait être partagée entre tous les êtres humains, plus personne n'aurait le cœur à sourire. Est-il possible que je me sente mieux un jour ? Je ne saurais le dire. Je ne peux plus vivre comme cela. Je guéris ou je meurs. »

Abraham Lincoln

« Pendant les quinze dernières années, je me suis battu plusieurs fois contre la dépression. La première fois, j'ai tout de suite suivi une thérapie, j'ai travaillé sur mes blessures du passé et toutes les émotions que j'avais réprimées jusqu'à ce moment-là. Mais la deuxième fois, j'ai été pris par surprise. Je pensais que j'en avais fini une fois pour toutes. J'ai beaucoup prié. En fait, je priais de façon désespérée. En regardant en arrière, je me rends compte que je pensais avoir tout raté, que j'étais sûr de n'avoir pas

fait ce qu'il fallait faire la première fois. Mais Dieu m'a fait comprendre que tout cela faisait partie de mon chemin spirituel sur cette terre. Chaque fois que je revisitais mon passé et mes problèmes, j'allais plus en profondeur et j'en sortais plus fort et mieux intégré à mon environnement. Je me suis rendu compte que chaque fois que je devais me battre contre la dépression, ma relation à Dieu évoluait. En fait, toutes mes relations changeaient : relations à Dieu, à moi-même et relations aux autres. »

Pat

La dépression affecte les pensées, l'humeur, les sentiments, le comportement et tout l'état de santé de la personne. Il n'y a pas de terme scientifique pour qualifier le degré de souffrance vécu par le dépressif.

Les rêves disparaissent ; on ne trouve plus nulle part cette beauté qui pouvait nous inspirer auparavant. Au contraire, tout semble négatif. « J'ai tout raté. Je ne vaux rien. Tout ce que je pense, c'est nul. Tout est de ma faute. Je ne sais pas ce qui m'arrive. Qu'est-ce qui se passe ? J'ai demandé son aide à Dieu. Pourquoi ne me guérit-il pas ? »

Une de mes amies, Jeanne, m'a parlé de ses combats avec Dieu pendant ces expériences traumatisantes. « Un jour que je parlais à Dieu, je lui racontais comment j'avais été abusée sexuellement, j'ai hurlé : "Où étais-tu quand j'ai été violée "? Et dans mon cœur, j'ai entendu Jésus me dire : "J'étais avec toi et je pleurais." Tout en poursuivant ma prière, j'ai compris que Jésus était vraiment avec moi quand c'est arrivé et qu'il a souffert ce que je souffrais. J'ai aussi compris qu'il continuait d'être avec moi quand je revisitais mes souvenirs, qu'il voulait m'éclairer, me donner sa force, et qu'il me donnait le courage de continuer. Oui, Il me guérissait. »

Ceux d'entre nous qui ont souffert de dépression se demandent souvent pourquoi Dieu ne fait rien pour les aider. En dernier recours, souvent, nous demandons un miracle. Puisque nous ne pouvons rien faire pour nous-mêmes, nous espérons que Dieu, Lui, pourra nous aider. Quand Dieu ne fait pas le miracle que nous attendons, nous nous demandons si Dieu s'intéresse encore à nous. Nous pouvons même imaginer que c'est Dieu qui nous punit pour nos erreurs passées. Mais Dieu n'arrête pas toujours le déroulement naturel des choses juste pour nous. C'est quand nous ne prions que pour recevoir une guérison miraculeuse, que nous avons le sentiment que Dieu ne s'intéresse pas à nous ou que, pour quelque mystérieuse raison, Dieu veut nous faire souffrir.

Il faut arrêter de vouloir tout régler par soi-même

Dans mon expérience de la dépression, j'ai dû apprendre à reconnaître que je ne pouvais rien faire. Toutes les tentatives que j'ai entreprises pour guérir par moi-même de cette dépression n'étaient que cela : des tentatives. J'ai appris à surmonter la dépression en ayant recours à une forte intellectualisation. J'ai essayé d'en apprendre le plus possible sur cette maladie. C'est comme ça que j'ai pu comprendre les causes de ma dépression et c'est vrai que, par mes propres moyens, j'ai réussi à continuer à avancer. J'ai compris le fonctionnement de la dépression, comment la dépression détruisait ma vie. Je savais ce qu'il fallait faire pour surmonter les crises. Je suis devenue une experte dans l'analyse des mécanismes de défense. J'ai fait tout ce que je devais faire. Je l'ai fait et j'ai fait du bon travail. Et ça a marché ! Enfin, ça a marché et ça n'a pas marché. C'était comme si je devais me faire opérer, mais tout ce que je pouvais faire toute seule, sans chirurgien, c'était de prendre des médicaments et des vitamines. Les médicaments et les vitamines ont bien aidé. Pendant dix-sept ans, j'ai pu avoir une vie « gérable », plus paisible. Mais sans chirurgie, j'en restais toujours au niveau du système D. En réalité, j'avais besoin d'un chirurgien, mais pas n'importe lequel, j'avais besoin du chirurgien divin. Il me fallait son intervention, un miracle.

Après avoir accepté cette évidence et après plusieurs jours de prière, le chirurgien divin m'a prise sous sa protection. Tous les ans, je faisais une retraite spirituelle de huit jours, huit jours consacrés à la prière, au silence, à la contemplation. Tout de suite, je me suis sentie attirée par la passion, la mort et la résurrection de Jésus dans l'évangile de saint Jean (ch. 18-21). Je voyais les images en imagination, dans mon cœur. Je voyais Jésus debout devant Pilate et ses accusateurs. Je me demandais : *Comment Jésus peut-il rester là, debout, impassible, alors que tout le monde veut sa mort ? Comment peut-il rester si calme ?* Par la contemplation, je participais à la scène, je ressentais le calme de Jésus, j'ai entendu Jésus parler calmement à la foule. « Oui, vous pouvez me prendre et faire de moi ce qu'il vous

---

« Jour et nuit, mes larmes sont mon pain. »
Psaume 42, 4.

plaira, ma mort sera votre salut. » Je voyais le Père prendre Jésus dans ses bras. « Donne-toi à eux, lui disait le Père. Je ne t'abandonnerai jamais. Je suis avec toi. Tu ne crains rien dans mes bras. » Après être restée longtemps en prière, j'ai réalisé que le Père était en moi comme Il était en Jésus. Il me tenait aussi dans ses bras : « N'aie pas peur. Tu es en sécurité dans mes bras. »

Une autre fois, je voyais Jésus au moment où Pilate se lavait les mains après l'avoir condamné à mort. J'ai vu Jésus traîné par ceux qui voulaient le faire mourir. J'ai été prise d'une véritable terreur quand Jésus parcourait une dernière fois Jérusalem, c'était insoutenable. J'ai prié de nombreuses heures, retenant cette terreur dans mon cœur. Je voulais le réconforter, lui dire que j'étais là avec lui, pour lui. Que je ne le laisserais jamais seul.

Un jour, dans la prière, je me suis retrouvée effondrée sur le sol au pied de la croix après la mort de Jésus. Je lui avais dit que je ne l'abandonnerais pas, alors je restais et je veillais. J'ai regardé la croix pendant des heures et je ressentais la douleur que Marie avait dû ressentir et je demandais le courage de rester près de la croix. C'est pendant cette retraite que mon directeur spirituel m'a fait remarquer que peut-être Dieu faisait un rapprochement entre ce que Jésus avait vécu sur la croix et ce que je vivais. Je suis retournée prier et j'ai commencé à pleurer. Pendant plusieurs heures, toujours en prière devant le Saint-Sacrement, j'ai revu les images de mon séjour à l'hôpital après ma crise cardiaque, il y avait déjà si longtemps. Ces images s'intercalaient avec les scènes de la passion et de la mort de Jésus. C'était comme si je regardais un film. Mes moments d'angoisses et de solitude se croisaient avec ceux de Jésus. Je pleurais, inconsolable, pendant des heures, dix-sept années de pleurs contenus enfin libérés. Je sentais, physiquement, Dieu me serrer dans ses bras et Il me disait : « N'aie pas peur, même de me sentir te tenir dans mes bras. Tu es sur mon cœur, tu ne crains rien. »

C'est grâce à ces larmes bienfaisantes que j'ai pu démarrer un véritable processus de guérison. J'ai tout reçu comme un miracle de l'amour de Dieu pour moi. Alors que je priais sur « ma passion », c'est Jésus qui est venu me rencontrer dans sa Passion. Comme j'étais restée, en prière, au pied de la croix après la mort de Jésus, je voyais maintenant Jésus assis sur le sol au pied de mon lit d'hôpital, et c'est lui qui *me* tenait compagnie. Comme j'avais veillé sur Jésus, il veillait sur moi. Les souffrances de ces nombreuses années de solitude et de combat après mon attaque cardiaque, tous les dérèglements qui en ont découlé, notamment ma maladie bipolaire, tout cela a été guéri pendant cette prière. Dieu ne m'a pas guérie miraculeusement de mon épilepsie temporale. Non, mais c'est comme cela que j'ai commencé à voir que même si j'étais restée à une distance prudente de Dieu (comme si je voulais me protéger de ce qu'Il aurait pu me faire), Dieu a attendu le bon moment pour me prendre par la main et me ramener à lui. Je n'ai pas reçu la guérison miraculeuse que j'attendais, j'ai reçu quelque chose de bien plus fort.

Dieu n'a jamais promis que nous ne souffririons pas. Dieu a promis que rien ne pourrait nous séparer de son amour et de sa tendresse, ou, comme l'a dit un docteur : « Ne craignez pas le pire qui pourrait vous arriver. Ça arrivera, mais *ça n'a pas d'importance !* » Même si je n'ai pas pu mettre de mots sur ce que j'ai ressenti la première fois que j'ai entendu ces paroles, j'ai su instinctivement que c'était la vérité.

Un sacrement de guérison

Le sacrement de réconciliation, même s'il ne provoque pas une expérience durable, comme une retraite, est sûrement le moyen le plus facile et le plus sûr pour recevoir la guérison que Jésus veut nous donner. Ce n'est pas toujours facile de se confesser et on peut avoir peur d'aller se confesser, c'est bien dommage. On peut aussi se demander : *Qu'est-ce que le fait de confesser ses péchés à un prêtre a à voir avec la dépression ? J'ai besoin d'un docteur, pas d'un prêtre !*

Il est vrai que nous avons besoin de consulter un médecin pour avancer sur la route de la guérison. Partager notre expérience de dépression avec un ami est aussi indispensable. Mais le sacrement de réconciliation est un lieu particulier où nous pouvons rencontrer Dieu. Rien ne peut remplacer la confession.

Quand on parle de sacrement de réconciliation, la plupart des gens pensent à l'humiliation de dire la liste de ses péchés à une autre personne. Je pense au contraire que, par le sacrement, Jésus entre dans notre univers chaotique avec tout son amour. Plus que la liste de nos péchés, c'est bien notre chaos que nous devons apporter à Jésus dans le sacrement qui nous réconcilie avec lui. La confusion, la tristesse souvent insupportable, la frustration, la culpabilité, la perte de sens qui accompagnent la dépression peuvent nous faire perdre de vue qui nous sommes et comment nous pouvons vivre pleinement notre dignité de baptisés. Par exemple, nous pouvons confondre la perte de la foi avec une dépression, ou l'irritabilité, conséquence caractéristique de la dépression, avec un manque de patience. Dans notre esprit, les symptômes de la maladie peuvent se substituer à des fautes graves dans notre relation à Dieu. Le sacrement de réconciliation est l'endroit où nous devons apporter tout notre chaos pour le mettre en contact avec l'amour guérissant de notre Seigneur Jésus. Comment y parvenir ?

Premièrement, si possible, choisissez un prêtre avec qui vous vous sentez à l'aise. Quand vous avez trouvé un confesseur en qui vous avez confiance, demandez-lui si vous pouvez vous retrouver régulièrement, une fois par mois. Deuxièmement, petit à petit, parlez-lui de votre maladie, de ce que vous vivez. Il faut qu'il comprenne dans quel contexte vous apportez vos fautes devant le Seigneur à travers ce sacrement, qu'il puisse vous aider à faire la différence entre ce qui est faute et ce qui est conséquence de votre maladie. Troisièmement, dites-lui ce qui vous fait vous sentir coupable. Comme je l'ai déjà dit, ceux qui souffrent de dépression, ou d'autres désordres émotionnels, ont du mal à faire la distinction entre le péché et les conséquences ou les symptômes de la maladie. La dépression peut fausser votre vision de vous-même. Dans le sacrement de réconciliation, vous verrez comment Dieu vous voit.

« Il arrive qu'accepter de vivre soit un acte de courage.
Sénèque.

Je vous conseille de retourner à chaque fois auprès du même prêtre, il connaît votre passé et comprendra mieux vos difficultés et votre vie. Il y a quelques années, j'avais pris l'habitude d'aller me confesser à différents prêtres, mais cela devenait trop compliqué : aucun prêtre ne me connaissant réellement, je ne recevais pas l'aide dont j'avais besoin. J'ai entendu des conseils divergents, certains moins utiles que d'autres, parce que le prêtre, ne me connaissant pas, ne pouvait pas comprendre ce que je vivais. Enfin, j'ai rencontré un prêtre en qui j'avais toute confiance. Il comprenait ma situation, parce que j'avais pu lui raconter toute mon histoire, mes combats, ma lutte quotidienne pour essayer de m'accrocher à la vie et de vivre en accord avec l'Évangile. J'ai ainsi appris à faire la distinction entre le péché et les conséquences de la dépression, j'ai pu sentir la compassion du Seigneur. Mon confesseur m'a aidée à découvrir comment Dieu agissait dans ma vie et comment Il m'avait aidée à accepter la dépression. J'ai pu m'émerveiller de la présence de Dieu et de la guérison qu'il m'apportait, si doucement, si tendrement.

Souvent, vous pouvez souffrir de dépression suite à un traumatisme. Mais quelle que soit l'origine de notre dépression, que nous ayons souffert d'abus dans notre enfance ou de la perte d'un être cher, quelque part à la racine de cette souffrance se trouve la merveilleuse possibilité du pardon : pardonner aux autres, se pardonner à soi-même et même pardonner à Dieu. Si vous suivez une thérapie et que vous fréquentez régulièrement le sacrement de réconciliation, vous pouvez accepter la grâce de la guérison. Cette grâce va vous amener petit à petit au pardon. Le pardon est l'élément essentiel de la bonne santé spirituelle et émotionnelle.

Quel soulagement de savoir que tout ne dépend pas uniquement de nous. Nous pouvons demander l'aide de l'Église, de la communauté des croyants, nous pouvons demander la miséricorde de Jésus à travers le sacrement de réconciliation, ce véritable sacrement de guérison. Nous pouvons compter sur la présence de Dieu *avec* nous et *pour* nous dans notre démarche de guérison.

Le processus de guérison : il faut y croire

Toute guérison est miraculeuse, même si nous ne ressentons rien de spécial au niveau de la foi. Dieu nous guérit, et toujours de façon miraculeuse. En général, la guérison se fait par étapes. C'est rarement spectaculaire. Dieu vient nous toucher souvent par le simple geste d'un ami. Dieu vient dans notre vie à certains moments ou à travers certaines personnes. Dieu peut guérir une personne alors qu'elle-même se proposait d'aider un autre malade. De même, la démarche de guérison d'une personne peut amener la rédemption d'une autre personne. Dieu peut aider une personne qui souffre de dépression à trouver un sens plus profond à sa vie à travers le contact avec un autre dépressif. La façon d'agir de Dieu reste un grand mystère. Mais ce que nous comprenons, c'est que Dieu travaille en chacun de nous et à travers toutes circonstances pour notre salut. Dieu nous étreint tendrement. Il ne nous lâchera jamais. La guérison est un chemin, un processus qui prend du temps. Mais nous devons y croire, quel que soit le temps que cela prendra.

La guérison ne peut démarrer que quand nous reconnaissons notre impuissance à nous guérir nous-mêmes. Nous devons accepter notre impuissance et arrêter de demander un miracle sur mesure qui devrait répondre à nos propres exigences. Quand nous demandons quelque chose de précis à Dieu, c'est une façon pour nous de fuir notre condition, c'est aussi la meilleure façon d'empêcher notre propre guérison. Dans notre désir d'accepter notre impuissance, il doit aussi y avoir le désir de laisser Dieu agir en nous. Plus nous renonçons à maîtriser notre vie, plus nous nous en remettons à Celui qui peut nous guérir.

Suggestions de Prière

Je vous propose de suivre ce petit guide du sacrement de réconciliation, cela vous permettra de célébrer pleinement la miséricorde de Dieu :

Préparez-vous. Prenez du temps dans la prière pour vous souvenir des moments, depuis votre dernière confession, où vous avez vu la lumière, où vous avez reçu des grâces, où vous avez vécu des gestes de bonté inattendus, des moments où vous étiez dans la paix. Quelles conclusions en tirez-vous ? Soyez concret, écrivez vos sentiments. Puis, après réflexion, mettez un nom sur ce qui vous dérange dans votre vie. Est-ce qu'il y a des choix que vous faites, des habitudes de penser, des attitudes, des désirs qui fragilisent votre relation à Dieu, à l'Église, aux autres, à vous-même ? Est-ce que vous regrettez certains aspects de votre vie ? Est-ce qu'il y a des souvenirs qui vous rendent triste, qui vous déroutent ou vous frustrent et que vous voudriez apporter au Seigneur ? Comment Dieu vous a-t-il comblé de ses bénédictions ou vous a-t-il aidé à grandir dans la foi depuis votre dernière confession ?

Prenez rendez-vous pour célébrer le sacrement. Téléphonez à la paroisse et demandez à parler au prêtre. Vous avez toujours le choix de contacter un prêtre que vous connaissez ou d'aller vous confesser aux horaires prévus par la paroisse.

Sachez que vous êtes accueilli. Prenez le temps de parler au prêtre avant de vous confesser. Le prêtre peut vous faire des recommandations, comme de vous ouvrir davantage à Dieu, de lui offrir votre confiance. Si le prêtre est votre confesseur habituel, ce sera plus facile et vous pouvez vous confier à lui plus librement.

Confessez vos péchés. Bien sûr il faut que vous confessiez vos péchés. Mais vous pouvez également exprimer vos difficultés, et dire par exemple : « Mon père, je sais que je devrais donner plus d'attention et d'affection à mes enfants, mais avec mon nouveau traitement, je dors très peu, je suis très fatiguée. Je veux donner au Seigneur ma souffrance de ne pas avoir été plus présente à mes enfants toutes ces dernières semaines et je demande à Dieu qu'il me donne la force de grandir en amour et en patience ainsi qu'en reconnaissance pour mon mari qui est particulièrement patient lui-même. » Cette réflexion amènera sûrement le prêtre à vous poser plus de questions.

Recevez votre pénitence. Le prêtre vous donnera une prière à réciter ou une pénitence à accomplir pour montrer à Dieu la sincérité de votre repentir. Si cela vous paraît trop dur, faites-le lui savoir.

Priez pour être pardonné. Le prêtre doit vous demander de réciter votre acte de contrition à haute voix. Là encore, vous avez le choix de réciter un acte de contrition traditionnel. Si vous ne connaissez pas votre acte de contrition, vous pouvez demander au prêtre de vous aider ou vous pouvez vous exprimer avec vos propres mots.

Recevez l'absolution. Le prêtre prononce les mots d'absolution et Dieu vous pardonne vos péchés.

Conclusion. Le prêtre peut conclure par ces mots : « Remerciez le Seigneur, car Il est bon », auquel cas vous répondrez : « Éternel est son amour » ; ou il peut conclure de façon plus informelle.

Faites votre pénitence le plus vite possible après votre confession.

Pour la personne qui souffre de dépression

Écrivez dans un carnet toute l'histoire de votre dépression, recherchez plus particulièrement les petits « miracles » où Dieu vous a fait voir sa présence, où il vous a fait remarquer qu'il était attentif à vos besoins. Ce peut être à travers les personnes que vous avez rencontrées, les expériences que vous avez vécues, une réponse à une prière, une information inattendue, un traitement qui vous a permis de mieux vivre et de mieux comprendre votre maladie, une réconciliation avec un ami ou un membre de votre famille ou le sentiment de la présence de Dieu dans la prière ou dans le quotidien.

Pour un ami qui souffre de dépression

Le sacrement de réconciliation est un moment privilégié où nous recevons des grâces, simplement parce que nous montrons de l'amitié à une personne qui souffre de dépression. En partageant les difficultés et les combats que nous rencontrons dans une telle amitié, le sacrement peut nous aider à grandir dans l'amour et l'oblation.

Quand vous parlez de vos difficultés et de vos limites dans les relations que vous avez avec votre ami (sans donner de nom), parlez aussi des moments où vous avez davantage reçu que vous n'avez donné, dans cette amitié. Le sacrement de réconciliation nous permet de tout apporter devant le Seigneur, nos joies, nos désirs, nos combats, nos faiblesses, c'est un moment où Dieu nous recrée petit à petit comme un ami qui a du prix à son cœur.

Quelques principes de base pour survivre à la dépression

- Première règle de vie, prendre huit heures de sommeil chaque nuit. Ne pas traîner au lit après ces huit heures de sommeil et ne pas diminuer son temps de sommeil.
- Faire une promenade entre onze heures et quatorze heures. La lumière de midi a un effet antidépresseur. L'exercice vous redonne de l'énergie.
- Évitez l'alcool ou les drogues douces qui vous entraînent dans la dépression et empêchent les antidépresseurs d'agir efficacement.
- Suivez un régime alimentaire bien équilibré.
- Faites-vous un emploi du temps.
- Prenez vos médicaments en suivant bien l'ordonnance.

- Évitez les produits qui contiennent de l'aspartame. Des études ont montré que tous ces produits, aspartame, drogues, alcool, peuvent accentuer votre niveau de dépression.
- Achetez-vous un oiseau ou un animal de compagnie qui demande peu de soin. Il vous tiendra compagnie et sera un sujet de conversation facile à aborder avec vos amis.
- Parmi vos amis, choisissez-en un avec qui vous pouvez parler tous les jours. Quand vous êtes dépressif, vous avez sûrement du mal à vous défaire de vos mauvaises habitudes ou de vos modes de pensée destructeurs. Un simple coup de téléphone, même de quelques minutes, peut vous permettre de remettre les choses à leur juste place. Un rendez-vous téléphonique à heures fixes vous aidera à vous débarrasser de l'impression que cette dépression ne finira jamais.
- Faites de l'exercice physique tous les jours. La plus courte des promenades vous redonnera de l'énergie.
- Tenez un journal de vos activités et de vos réflexions.

4

Par où commencer ?

« Il n'y a que vous qui puissiez choisir de vivre votre vie. C'est à vous de décider si vous voulez vous battre avec votre dépression. »

Ruth

« C'était un Vendredi Saint, j'étais particulièrement éprouvée par mes angoisses psychologiques. J'étais au bord du désespoir quand, tout à coup, j'ai entendu Jésus me dire : "Tu partages les souffrances psychologiques que j'ai vécues pendant ma Passion." Tout de suite, une grande paix m'a submergée et j'ai pu m'abandonner à la volonté de Dieu. J'ai pu à nouveau essayer d'accepter ma maladie. »

Linda

J'ai rencontré Leanne, une étudiante à l'université de théologie jésuite de Weston, le jour de la remise de notre diplôme. Elle était si gentille, si spirituelle que je ne me serais jamais doutée des combats qu'elle avait endurés ces trois dernières années, si ce n'est par quelques allusions qu'elle avait faites dans la conversation de temps en temps. Elle m'a appris que son mari avait demandé le divorce pendant qu'elle faisait ses études à Weston et que la présence de ses trois enfants mineurs à la messe et à la cérémonie de remise des diplômes l'avait remplie d'une grande joie.

> Quand j'ai dû faire face à ce divorce, après vingt-deux ans de mariage, avec trois adolescents que je devais élever toute seule, pendant cette période où eux-mêmes devaient faire face à ce divorce qui allait bouleverser leur vie, avec en plus de sérieux problèmes de santé (deux opérations chirurgicales la même année) et mes études à l'université de théologie, tout cela m'a jetée dans la dépression.
>
> J'avais toujours su garder l'équilibre entre mon côté perfectionniste et mon côté bon samaritain. Je ne me trouvais jamais assez exigeante avec moi-même et je trouvais que je n'en faisais jamais assez pour les autres. Comment allais-je faire face à cette montagne de nouveaux problèmes ? Est-ce que tout cela était nécessaire pour que je me rende compte que j'avais besoin d'aide ? Moi qui me cherchais une nouvelle identité, moi qui étais perdue dans les méandres du perfectionnisme, moi qui voulais aider et aimer tout le monde… je me rendais compte que je ne savais pas m'aimer et que je ne savais pas m'occuper de moi-même : j'ai dû m'abandonner.
>
> Un jour, après ma deuxième opération, je me souviens que j'étais étendue sur le sol du salon, me sentant complètement impuissante. Je souffrais intérieurement et extérieurement. Ma hanche me faisait mal à cause des suites de l'opération, et je souffrais dans

mon cœur du fait de me sentir isolée et de ne plus être autonome. L'année précédente, je courais dix kilomètres tous les jours. Maintenant, j'étais couchée, complètement dépendante et je regardais mes béquilles qui allaient être mon seul soutien pour un bon moment. Ma mère était venue m'aider. Sans son aide, je ne m'en serais pas sortie. Le jour où j'ai pu tout lâcher et m'abandonner, j'ai ressenti une grande paix qui m'enveloppait tout entière, malgré la douleur. J'ai pu enfin pleurer. Ma mère m'a dit : *Il faut que tu te fasses aider au niveau psychologique*. Elle s'est arrêtée un moment et a ajouté : *Tu souffres physiquement depuis près d'un an, ton mari te fait souffrir, tu as trois enfants qui t'aiment profondément et qui souffrent plus que tu ne l'imagines. Leanne, tu es très forte et tu t'en sortiras. Tu vas trouver l'aide dont tu as besoin.*

Je me suis tout de suite levée et j'ai appelé mon médecin pour qu'il me conseille un psychologue. Il m'a donné une liste de personnes, dont sa femme. Il m'a dit qu'elle était très spirituelle et que je devrais la contacter. Ce que j'ai fait. C'est comme ça que j'ai entamé mon véritable chemin de guérison.

Quand j'ai commencé ma thérapie, j'ai aussi trouvé un directeur spirituel. C'est ce qui m'a obligée à m'engager et à suivre les Exercices de saint Ignace une fois par semaine. Le prêtre qui me suivait m'a encouragée à prier de façon à demander son aide à Dieu pour persévérer et me guérir. Je ne m'étais jamais sentie digne de demander de l'aide à Dieu pour qu'il prenne ma souffrance.

Ma thérapeute m'a aidée à retracer un cheminement qui avait débuté avec la mort de ma sœur quand j'avais cinq ans. Je me sentais toujours coupable de sa mort, je croyais que c'était de ma faute si elle n'avait pas gagné son combat contre le cancer. Pendant toutes ces années, je pensais que j'aurais pu faire ce quelque chose de plus qui l'aurait sauvée. Naturellement, j'ai cultivé en moi cette idée qu'il fallait que j'empêche toutes les personnes que j'aimais de souffrir. Avec ce type d'idéal solidement ancré, il me fallait maintenant parcourir une longue route pour traverser tout le chagrin que j'avais accumulé. Entre autre, il fallait que je me débarrasse de ma culpabilité par rapport à la mort de ma sœur.

J'ai commencé à comprendre que la dépression s'installe chez les gens qui ne se connaissent pas vraiment et qui n'ont pas de buts dans leur vie.

Pendant deux ans, j'ai travaillé en profondeur avec ma thérapeute et mon directeur spirituel. J'étais touchée de ce que chacun appréciait et respectait le rôle de l'autre dans mon chemin de guérison. Au niveau médical, je continuais mon traitement : Prozac à faible dose, plus la rééducation et les exercices physiques. La souffrance allait et venait. Je me levais et il m'arrivait de devoir affronter des jours très éprouvants. Je me suis aussi souvent sentie très lasse, anéantie. Mais, chaque fois, je me relevais plus forte et toujours plus décidée à poursuivre ce chemin.

Je me suis fait le cadeau de m'entourer d'un groupe de soutien de bons amis, du prêtre de ma paroisse et de mes professeurs. Les gens me voyaient progresser et venaient à mon aide de tellement de façons différentes. Le plus important, c'est que j'ai pu accepter leur amour et leur aide. Finalement, j'ai appris qui j'étais, ce que je devais faire et que je devais m'aimer davantage, encore et encore.

Ma relation à Dieu est devenue plus profonde de jour en jour. Cette présence intime de Dieu dans les jours difficiles m'a beaucoup appris sur le sens de la

> souffrance. J'ai appris à rechercher dans la prière cette présence intime de Dieu, lui qui est si proche de moi. J'ai appris que j'étais en pèlerinage sur le chemin qui me conduisait vers le Père. Un Père plein d'espérance, de compassion et d'amour.

Si vous ou un de vos proches, comme Leanne, avez souffert longtemps de la dépression, vous savez combien il y a d'obstacles qui semblent insurmontables sur le chemin de la guérison. Nous allons voir maintenant quelles sont les premières étapes à suivre.

Informez-vous

Rassemblez le maximum d'informations sur les déséquilibres caractériels, les troubles de l'humeur : faites des recherches sur Internet, dans les bibliothèques. Lisez beaucoup. Renseignez-vous auprès de votre médecin. Faites des tests d'évaluation sur Internet ou dans les livres. Même si vous ne comprenez pas tout ce que vous lisez, tout ce que vous apprendrez vous permettra de mieux vous préparer et d'être mieux informé avant de prendre des décisions. Pendant votre chemin de guérison, vous serez souvent obligé de faire des choix, au niveau des traitements, des changements de style de vie, des changements de carrière, des relations aux autres, des loisirs, de l'endroit où vous vivez. Vous serez frustré à cause de certaines décisions que vous devrez prendre et ces frustrations vont se rajouter à la dépression. Si vous avez des enfants, vous allez peut-être réviser votre façon d'agir avec eux. De mauvaises relations avec un proche ou des désordres alimentaires vont également avoir une influence sur le niveau de votre dépression. Donc plus vous en apprendrez sur tous ces déséquilibres caractériels et leurs origines, plus vous saurez ce qu'il faut faire et ce qu'il faut éviter pendant votre traitement.

Première étape

Il n'y a que des réponses individuelles, on ne peut pas généraliser. Mais la première étape pour survivre à la dépression est la même pour tous. Il faut avant tout faire un examen médical complet chez un médecin généraliste en qui vous avez confiance. Puis il faut aller consulter le ou les spécialistes qu'il vous conseillera. Pensez à demander à ce que toutes les copies de vos examens soient renvoyées à votre généraliste afin de conserver un dossier complet. Si vous n'obtenez pas les bonnes réponses, allez consulter d'autres spécialistes, psychologues ou neurologues.

Il n'est pas rare d'obtenir des diagnostics différents quand on travaille sur les déséquilibres psychologiques. Quand le psychiatre a découvert que Tye avait un léger trouble de l'humeur, il lui a prescrit des médicaments. Tye a pris ses médicaments pendant plusieurs mois et il avait rendez-vous avec son psychiatre régulièrement toutes les semaines, mais il avait l'impression que quelque chose n'était pas en place et il n'était pas satisfait. Il trouvait que ces rendez-vous ne l'aidaient pas. Il en a parlé au psychiatre qui a voulu poursuivre le traitement. Comme il n'y avait pas d'évolution positive au bout d'un an, Tye est allé consulter un autre psychiatre qui a découvert le type de dépression dont il souffrait. Au bout de quelques semaines, Tye se sentait beaucoup mieux.

Il faut donc déjà se renseigner le plus possible sur la maladie elle-même et aller jusqu'au bout des examens et des traitements, jusqu'à ce que vous trouviez exactement ce qui vous convient.

Impliquez-vous dans le processus

Quand vous êtes sûr du diagnostic et que vous avez écarté certaines causes possibles, il peut se passer deux choses. D'abord, vous pouvez vous sentir mieux très rapidement et en conséquence, ne pas aller chercher plus loin les causes de ce déséquilibre. J'ai vu ça très souvent. Je connais une personne qui s'est sentie beaucoup mieux après une visite chez son généraliste. Elle a pris ses antidépresseurs, mais elle n'est jamais allée chez le psychiatre comme le médecin le lui avait conseillé. Quelques années plus tard, ses amis ont remarqué qu'elle n'allait pas bien et qu'elle souffrait de troubles de l'humeur. Ils l'ont encouragée à aller voir un psychiatre qui a pu faire un diagnostic et s'est également aperçu que si les antidépresseurs lui avaient permis de continuer de vivre normalement, ils avaient aussi favorisé ses troubles de l'humeur. Cette personne a pris d'autres médicaments à petites doses et a suivi une thérapie qui lui a permis de résoudre les causes sous-jacentes de ses déséquilibres. D'autres encore vont aller consulter différents médecins sans leur raconter leur histoire complète et ne seront jamais satisfaits. Geri est allée consulter quatre ou cinq médecins différents avant notre rencontre. Si elle n'avait pas confiance dans ce que lui disait son médecin, elle en changeait. Mais comme elle ne voulait plus raconter son histoire à chaque fois, aucun des médecins n'a pu faire un vrai diagnostic ni trouver l'origine de sa maladie.

« Il y a un moment pour tout : un temps pour pleurer et un temps pour rire, un temps pour se lamenter et un temps pour danser. »
Ecclésiaste 3, 4.

Quand vous vous sentez à l'aise avec un médecin, donnez-lui une chance de vous aider. Il faut donner suffisamment d'informations et passer par plusieurs tests pour bien cibler les racines des problèmes dont vous souffrez. Gardez bien tous les résultats des différentes analyses, des différents tests, les ordonnances, les différents traitements que vous avez suivis, les réactions aux traitements, etc. Quand vous voyez un nouveau praticien, il faut qu'il connaisse tout votre passé médical, c'est indispensable pour qu'il puisse vous aider efficacement.

Votre chemin de guérison peut prendre plusieurs années. Après avoir fait le bon diagnostic, il faut encore trouver le bon médicament. Il y en a beaucoup sur le marché. Vérifiez qu'il n'y ait pas d'effets secondaires qui pourraient vous affecter. Quand vous commencez un nouveau traitement, parlez avec votre médecin des réactions ou des difficultés que vous ressentez. Normalement, vous devez réagir au traitement après deux ou trois semaines. N'hésitez pas à parler à votre médecin, dites-lui comment vous réagissez. Finalement, vous devez vous « sentir bien ». Mais ne vous contentez pas d'une simple amélioration. Le médecin peut avoir à modifier vos médicaments ou les dosages. Vous serez peut-être amené à faire une thérapie, à changer votre façon de vivre, à suivre un régime alimentaire, à changer certains comportements. Il faudra sûrement ajuster votre traitement plusieurs fois avant que vous puissiez enfin atteindre ce bien-être que vous recherchez. Soyez patient, collaborez avec votre médecin. Votre traitement est aussi unique que votre personnalité.

Les médicaments seuls ne peuvent pas vous guérir

Les médicaments ne sont pas toujours la seule solution. Par exemple, Ruth, vingt ans, est étudiante dans une université catholique. On lui a prescrit des médicaments pour sa dépression et elle a commencé une thérapie. Petit à petit, ses symptômes ont diminué. Après cinq années de traitement, Ruth n'a plus besoin de médicaments. Pendant son traitement, elle a pris les médicaments régulièrement, elle a suivi une thérapie, elle a fait des changements dans sa façon de vivre, elle a modifié certains de ses comportements, et elle est aussi allée à la messe tous les jours. On ne peut pas éviter les médicaments, mais ils ne peuvent pas tout régler. Pour ma part, j'ai essayé différentes combinaisons de médicaments, j'ai suivi une thérapie qui a duré quelques mois et m'a permis de découvrir les autres causes de ma dépression. Pendant la thérapie, dès que je découvrais d'autres causes, je pouvais commencer à travailler sur ces causes, ce qui m'a permis de diminuer les doses de médicaments.

Quand vous êtes à la recherche d'un thérapeute, cherchez une personne qui est spécialisée dans votre type de maladie. Si vous êtes sérieusement dépressif ou bipolaire, si votre médecin traitant s'absente ou part en vacances, assurez-vous qu'il ait bien un remplaçant et que vous pourrez le joindre sans difficulté. Au cours de votre premier rendez-vous, essayez de vous rendre compte si votre thérapeute, par son attitude et ses questions, s'intéresse à vous, s'il est attentif à ce que vous lui dites. Souvent, c'est un ami, votre hôpital, des organisations spécialisées ou votre psychiatre qui vous recommanderont tel ou tel thérapeute. Vous pouvez aussi vous renseigner auprès de votre paroisse qui pourra vous recommander un thérapeute catholique.

Il faut beaucoup de courage pour démarrer une thérapie et s'y tenir. Dès que vous vous donnez à fond dans le processus, vous aurez peut-être l'impression que la situation empire avant de ressentir les premières améliorations. Il est important que vous disiez à votre thérapeute ce que vous ressentez. Si vous pensez que tout va bien, dites-le lui, mais n'hésitez pas à lui dire également si vous avez l'impression qu'il s'égare dans ses conclusions. Si vous pensez que la collaboration ne se passe pas très bien, faites-le lui savoir. Le but est de collaborer avec votre thérapeute, pas que vous tiriez vos propres conclusions par vous-même sans lui dire ce que vous pensez avoir trouvé. C'est vous qui êtes responsable de votre chemin de guérison, mais vous êtes obligé de collaborer avec votre thérapeute.

Joignez-vous à un groupe de soutien

Les personnes qui comprennent le mieux la dépression ou les troubles de l'humeur des bipolaires sont celles qui les ont vécus. Parlez avec des personnes qui ont des problèmes similaires aux vôtres. Il n'y a rien à cacher et rien à prouver dans un groupe de soutien. Ces personnes comprennent. Ces groupes peuvent être une bonne source d'information pour reconnaître certains symptômes, pour apprendre à les déceler et à vivre avec.

Pour trouver ces groupes, contactez votre médecin, votre hôpital, les différentes institutions, les lignes de téléphone SOS. Tous les groupes ne sont pas identiques. Si vous ne vous sentez pas à l'aise dans un groupe, essayez-en un autre. Assurez-vous de trouver un groupe qui va réellement vous aider.

L'Église, clinique spirituelle

Il n'y a pas qu'en psychologie qu'on recherche la santé de la personne tout entière. Aujourd'hui encore la spiritualité orthodoxe orientale a gardé une saine compréhension de la personne humaine, celle qu'on retrouve dans les écrits des Pères et des Mères du Désert, chez les écrivains et les théologiens orientaux. Des écrivains tels que saint Grégoire de Nysse (355-395), saint Grégoire Palamas (1296-1359), saint Jean du Sinaï (approx. 579-649), entre autres, pensaient que le meilleur remède pour le psychisme comme pour le cœur était la théologie. Saint Jean du Sinaï, par exemple, voyait le chemin vers l'unité de la personne comme un chemin partant de l'individu isolé vers une relation à Dieu, à la communauté, à soi-même et enfin à toute la création. Parce que la guérison de quelqu'un qui souffre de dépression, ou de toute autre maladie psychologique, est un chemin qui part d'un amour intérieur vers un amour tourné vers Dieu et vers les autres, ces chrétiens croyaient que ce processus devait prendre place dans un climat spirituel. Ils voyaient l'Église comme une « clinique spirituelle ».

« Il y a un autre chemin, si tu as le courage. Ce chemin est méconnu et s'appuie sur la foi – la foi qui vient du désespoir. Mais ce chemin mène à la possession de ce que tu as cherché au mauvais endroit. »

T.S. Eliot.

Aujourd'hui, nous vivons dans une société individualiste, une société où les personnes sont étrangères les unes aux autres, où il n'y a pas de possibilité de vie communautaire ni de communion. Même la plupart des communautés paroissiales ont perdu leur nature communautaire et nous nous retrouvons à entrer et sortir de la messe sans avoir échangé un mot, une salutation ou même un regard.

Comme Dieu nous a créés à son image et à sa ressemblance, Il nous a créés pour être des êtres de relation. Nous avons été créés pour chercher et maintenir des relations avec Dieu, avec les autres et avec toute la création. En fait, Adam et Ève vivaient de cette façon jusqu'à ce qu'ils détachent leur regard de Dieu pour suivre une promesse illusoire d'autonomie, la promesse de devenir comme des dieux. Dans ce sens, la santé est une relation vraie et réelle avec soi-même, Dieu et les autres. La maladie est l'interruption de cette relation, de ce dialogue essentiel avec Dieu, avec ses frères et sœurs, avec soi-même et avec la création. L'Église est cette clinique où nous pouvons redécouvrir cette communion essentielle que nos premiers parents ont perdue. Le centre de la communauté chrétienne, c'est Dieu, et la santé abonde quand nous devenons vraiment ce que Dieu a désiré que nous soyons.

Ce qui est en nous

Dieu s'est fait homme en Jésus pour nous montrer la vraie nature de l'humanité, qui est de partager la vie de Dieu. Celui qui refuse sa relation à Dieu est comme une histoire qui n'a pas de dénouement, un bâtiment abandonné avant d'être achevé. Nous avons tous cette capacité d'accueillir Dieu en nous-mêmes et de laisser le Christ ressuscité agir en nous. L'image de Dieu est renouvelée, rétablie en nous, nous sommes à nouveau en communion avec Dieu par l'Esprit Saint, nous participons à nouveau à la construction du Royaume et, par la grâce, nous devenons ce que Dieu est par nature. Maxime le Confesseur (580-649) écrivait : « L'homme par la grâce divine peut devenir ce que Dieu est. » Les Pères de l'Église appelaient cette transformation, cette transfiguration, la *theosis.* Nous avons le pouvoir de nous lever et de marcher, de quitter notre être blessé et d'entrer dans une vie nouvelle, de rejoindre une communauté, de vivre en paix avec Dieu, avec nous-mêmes et avec la création.

Qu'est-ce que cela veut dire pour les dépressifs ? Écoutons Ralph Waldo Emerson : « Notre futur et notre passé sont de bien petites choses comparées à ce qui est en nous. » À ceux qui se battent avec leurs souffrances psychologiques et émotionnelles, la *theosis* fait comprendre qu'ils ont la capacité en eux, par la puissance de Dieu, de transcender et de dépasser toutes les difficultés. La *theosis* nous dit que nous sommes fils et filles de Dieu, que nous partageons la gloire de Dieu, que nous partageons la nature divine, que nous allons hériter du Royaume éternel de Dieu. Les Écritures nous répètent que nous hériterons du Royaume de Dieu. Qui dit héritage dit que nous sommes propriétaires. Nous ne passerons pas par la porte de service. Le Royaume nous appartiendra autant qu'il appartient à Jésus Christ, le cohéritier. Dans cette clinique qu'est la communauté des croyants, nous apprenons que toutes nos peines et nos souffrances dues à la dépression ne dureront pas : « *Mais en tout cela, nous sommes plus que vainqueurs par Celui qui nous a aimés.* » (cf. Rm 8, 37)

Le philosophe religieux russe Vladimir Soloviev a écrit :

> « Si vous voulez être élevés avec Dieu, si vous voulez être si unis à Dieu que Dieu soit tout en vous, si vous vous désespérez parce que vous êtes impatients de partager sa nature divine alors que vous n'en voyez qu'une infime partie, alors soyez rassurés. Le Père, le Fils et l'Esprit Saint vous appellent en fait à vous élever et demeurer en eux. Ils sont prêts à descendre vers vous et en vous, à devenir les invités habituels de votre âme. Ils promettent à tout votre être, en échange de ce qu'il y a de bon en vous, une transformation, au début mystérieuse et invisible, mais bientôt resplendissante et glorieuse, une union et une assimilation de la présence de Dieu qui va vous diviniser.[1] »

À la racine de votre guérison, il y a un acte de foi personnel en l'amour de Dieu. Sainte Angèle de Foligno disait : « Il n'y a pas de plus grand amour que celui de Dieu qui s'est fait homme pour que je devienne dieu. » Quelle que soit la difficulté de notre combat, nous pouvons nous accrocher aux paroles de saint Paul qui professait sa foi en disant : « *J'estime que les souffrances du temps présent sont sans proportion avec la gloire qui doit être révélée en nous.* » (Rm 8, 18)

1. Anthony M. Coniaris, *Achieving Your Potential in Christ : Theosis*, 21 août 2003, www.geocities.com/verseoftheday/theosis3.htm.

Suggestions de prière

La dépression apporte avec elle son lot de ténèbres et de chaos. Mais Dieu aussi y est présent par sa lumière, sa paix et son amour. Dieu est plus fort que toutes les souffrances. La ténèbre passe, la lumière est éternelle. Nous ne sommes pas toujours responsables des blessures qui amènent la ténèbre. Dans la lumière, nous sommes fils et filles de Dieu. Essayez de répéter cette prière :

> *Mon Dieu, tu es présent en moi, tu es ma lumière intérieure. Rien ne peut m'enlever ta lumière. Tu m'as choisi, je suis ton enfant. Tu me serres dans tes bras. Rien ne peut me séparer de toi. La ténèbre et le chaos vont et viennent pendant ma guérison. Mais toi, Mon Dieu, tu es immuable, et je suis à toi pour toujours.*

Recopiez cette prière, gardez-la toujours sur vous, récitez-la souvent.

Pour la personne qui souffre de dépression

Écrivez dans un petit carnet les noms des médecins et thérapeutes que vous avez consultés, les tests que vous avez passés, les traitements que vous avez suivis avec tous les effets secondaires, ainsi que le traitement que vous suivez actuellement. Gardez ce petit carnet dans un endroit facile d'accès. S'il y a longtemps que vous n'avez pas fait d'examen complet, ou si vous avez changé souvent de médecin ou de thérapeute, et si votre médecin actuel ne connaît pas toute votre histoire, partagez-lui toutes ces informations.

Est-ce que vous connaissez une personne de votre paroisse ou une personne qui va à la même messe que vous ? Votre paroisse peut être une source de stabilité et de soutien, même si ce n'est qu'à travers une ou deux personnes que vous retrouvez le dimanche à la messe. Si vous ne connaissez personne dans votre paroisse, commencez par saluer les gens que vous rencontrez avant ou après la messe, ou essayez le volontariat qui vous aidera à rencontrer du monde.

Pour un ami qui souffre de dépression

Demandez-lui où il en est, s'il a déjà fait les premières démarches suggérées dans ce chapitre ? Si ce n'est déjà fait, faites-lui connaître ce programme.

Quelques organismes d'aide aux personnes souffrant de dépression

- Amitié Espérance :
  BP 95 14102 Lisieux Cedex, tél. : 03 31 48 55 05
- Association France Dépression :
  14-20, rue Mathurin-Régnier, 75015 Paris,
  tél. :01 40 61 05 66
  http://francedepression.free.fr
- Le fil retrouvé - Solidarité psy :
  6, rue Saulnier, 75009 Paris, tél : 01 40 22 97 29
- SOS Chrétiens Écoute : tél. : 01 45 35 55 56

5

« Je voudrais juste me sentir mieux »

« Chaque jour, je demande à Dieu de me délivrer de cette maladie et de m'aider à retrouver ma joie de vivre. Je pense qu'Il ne m'écoute pas. Peut-être qu'Il en a assez de m'entendre ? »

Gérard

« Je passe la majeure partie de mon temps de convalescence à prier. Je parle à Dieu, je lui dis comment je me sens, comment ça s'est passé jusqu'à maintenant. Dieu m'écoute. Il me donne le courage et la force dont j'ai besoin pour traverser cette période de dépression. »

Frère Joseph

Si vous voulez être à nouveau heureux, c'est à vous de démarrer le processus. J'ai dû apprendre encore et encore qu'il ne fallait pas que j'attende de recevoir *mon* petit miracle sur mesure, aux conditions que j'avais fixées. Si j'en étais restée là, je crois que j'attendrais encore. Cela ne veut pas dire que je ne crois pas au miracle. J'y crois. Je pense que Dieu a une idée du miracle différente de la nôtre. Ce n'est pas obligatoirement immédiat et spectaculaire. C'est parfois un processus incessant d'approfondissement de notre intimité avec lui. C'est comme ça que j'ai appris qu'il ne fallait pas prendre de raccourcis et que je ne devais pas demander *mon miracle* sur mesure. Si je le pouvais, bien sûr que je me débarrasserais de mon Épilepsie du Lobe Temporal et que je préférerais avoir une personnalité tout à fait stable. Souvent, je me dis : *Pense à tout ce que tu pourrais faire si tu n'avais plus ces troubles de l'humeur.* Mais je m'épuise à souhaiter une chose sur laquelle je n'ai aucun contrôle et j'utilise ma maladie pour vérifier si Dieu écoute bien mes prières. J'ai constaté que c'était la meilleure façon d'agir pour être déçu. Au lieu de répondre à mes prières exactement comme je les lui formule, Dieu regarde mon cœur et répond aux désirs les plus profonds qu'Il y trouve, ces désirs qu'Il a lui-même semés. Peut-être que je demande des centimes alors qu'Il a prévu de me donner des millions. Alors que je me contenterais d'un bien-être raisonnablement confortable, Dieu sait que j'aspire à beaucoup plus. Il prend la liberté de faire des miracles auxquels je n'aurais même pas pensé.

Les miracles existent

Même si nous n'y sommes pour rien et que nous ne pouvons pas les créer ou les commander, souvent les miracles se produisent petit à petit et nous ne nous en rendons compte qu'en regardant en arrière. Nous voyons l'action bienfaisante de Dieu, les attentions de la miséricorde divine dans le quotidien. Nous voyons comment la puissance de Dieu était cachée même dans ce que nous croyions avoir fait tout seuls.

John est professeur d'université depuis trente-deux ans, il est marié et père de cinq enfants. Il y a quelques années, il est passé par une crise de dépression profonde pendant six mois : « Les pires moments de mon existence, dit-il. J'avais honte, j'étais désorienté, perdu. Je n'arrive toujours pas à en parler. Heureusement, comme je n'ai pas arrêté ma thérapie, depuis ce moment-là, j'ai toujours eu des crises passagères, mais les grosses crises ne sont jamais revenues. » John pense qu'en fait, il était dépressif depuis très longtemps, mais qu'il ne s'en était jamais rendu compte.

Deux ans après le début de son traitement, il est parti en pèlerinage à Medjugorje pour demander sa guérison. « Je pensais que je serais guéri pendant le pèlerinage. Cela n'a pas été le cas et à mon retour, je suis retourné voir mon médecin qui m'a conseillé un autre traitement et c'est ce qui a amené la guérison. Je n'ai plus eu d'insomnies ni de crises d'irritabilité, je ne me suis plus apitoyé sur moi-même. Je n'ai plus changé de traitement depuis. J'ai bien été guéri, mais pas de la façon que j'avais prévue. »

John peut maintenant mieux se mettre à la portée de

ses étudiants. Il a pu conseiller ceux qui souffraient de dépression et les aider à trouver le soutien dont ils avaient besoin. Il a pu aussi aider leurs familles à mieux les comprendre. John a enseigné la musique, le théâtre, l'allemand et la pédagogie. Les élans de créativité qui, souvent, suivent les crises de dépression - et qui ont permis à John de s'exprimer dans tellement de domaines différents - ont été de vrais cadeaux pour John dans sa carrière. « Beaucoup de dépressifs font de grandes choses. Je pense que c'est la maladie des créateurs. Beaucoup de musiciens, d'artistes, de poètes ont souffert de la dépression. En fait, si le Seigneur m'avait guéri à Medjugorje, je n'aurais certainement pas pu m'exprimer dans tous ces domaines. »

John trouve la force de continuer dans la prière, qui l'aide à ne pas sombrer. « Il m'arrive de ne pas pouvoir prier. Je prononce alors seulement le nom de Jésus. Je sais que mes prières sont entendues. » John et sa femme trouvent aussi leur unité dans la prière. « Ma femme m'a été d'un soutien incroyable. Tous les soirs, nous prions ensemble, simplement. Le matin, nous offrons notre journée. Le fait de prier ensemble soulage beaucoup ma femme, ce n'est pas facile de vivre avec un époux qui souffre de ce type de maladie. »

Découvrir de nouveaux talents dans la dépression

Pour le dépressif, les miracles viennent sous toutes les formes. Je vais vous raconter l'histoire d'un oiseau dans une forêt remplie de toutes sortes d'animaux. Tout le monde admire cet oiseau pour sa vitesse et on l'appelle *Celui qui file comme le vent.* Les couleurs de son plumage éclatent dans les rayons de soleil lorsqu'il vole à travers les arbres de la forêt. Un jour, *Celui qui file comme le vent* se casse une aile. Il tombe par terre et se traîne sous un arbre pour se mettre à l'abri. Au bout d'un petit moment, le roi de la forêt retrouve *Celui qui file comme le vent.* Il le ramasse et caresse tendrement son aile brisée avant de le reposer sur le sol. Les autres oiseaux sont ravis, sûrs que *Celui qui file comme le vent* va repartir et reprendre son vol à travers les arbres. Mais *Celui qui file comme le vent* ne peut toujours pas voler. Contre toute attente, il reste longtemps sous son arbre, chantant de façon mélancolique, incapable de voler. Sa triste mélodie continue de s'élever jour et nuit, elle s'améliore même. Les habitants de la forêt ne s'étaient jamais rendus compte de la beauté de son chant. Dans les heures de la nuit, tous les habitants de la forêt se taisent maintenant pour écouter ce chant chaque jour plus beau, plus mélodieux. Au fond de sa misère, *Celui qui file comme le vent* a appris à chanter et sa musique, venue des profondeurs de sa tristesse, captive les cœurs de ceux qui l'entendent. *Celui qui file comme le vent* n'a plus jamais volé. Mais la tendre caresse du roi de la forêt lui a permis de se trouver un nouveau talent : le miracle du chant qui a donné un nouveau sens à sa vie.

Ceux qui ont le courage d'aller *jusqu'au bout* dans ce combat contre la dépression, découvrent de nouveaux talents. C'est ce qui fait dire à John : « Quand je regarde en arrière, je ne voudrais rien changer. »

Commencer par ce qui est évident

Sortir du lit

Les petits miracles que Dieu nous envoie commencent par les choses les plus évidentes, comme sortir de son lit le matin. Ceux qui souffrent de dépression savent combien cela peut être dur quand, à n'importe quel moment, n'importe quel jour, chaque jour, on se retrouve dépassé par l'énorme demande d'énergie qu'il nous faut déployer juste pour garder le désir de vivre. Nous voulons que tout ça s'arrête. Nous ne voulons plus nous réveiller avec toujours cette même angoisse, jour après jour.

La guérison commence par de petites choses. Avec l'aide d'un ami ou d'un thérapeute, choisissez le bon moment pour vous lever. Prenez l'engagement par écrit que ce sera le début de votre journée. Gardez votre réveil à portée de la main avec une copie de votre engagement écrit. Quand vous prenez cet engagement envers une personne que vous aimez et que vous respectez, ce sera plus facile à tenir. Sur ces petites victoires quotidiennes, vous pouvez bâtir de bonnes habitudes qui vous seront bien utiles au long de votre chemin de guérison.

Le régime alimentaire

Le fait de se sentir bien dans sa peau dépend souvent de la façon dont nous traitons notre propre corps. Nos habitudes alimentaires ont des conséquences sur notre équilibre mental. Les fruits et les légumes ont une meilleure influence que de manger n'importe quoi, par exemple tout ce qui contient beaucoup de graisses, de sucre ou de sel. Le sucre est un des premiers facteurs de troubles de l'humeur. Des excès de sucre peuvent entraîner une hyperactivité, de l'agitation, de la fatigue, une certaine instabilité, de la dépression, des sautes d'humeur, des maux de tête, de l'irritabilité, des angoisses. Il faut éviter tout ce qui contient beaucoup de sucre. C'est le premier pas. Un régime vous aidera à atteindre l'unité de tout votre être.

Un autre grand fauteur de troubles : la caféine. Le fait d'éviter tout ce qui contient de la caféine est un bon début pour apaiser les sautes d'humeur. Ce ne sera pas facile pour ceux qui ne peuvent pas démarrer la journée sans leur café ou qui ne peuvent pas se passer des pauses café. Il faudra chercher un substitut avec peu ou pas du tout de caféine. Désintoxiquez-vous en diminuant progressivement votre consommation quotidienne de caféine.

Certains ont découvert que les laitages avaient également un effet défavorable sur leurs humeurs, ainsi que les œufs, les tomates, le gluten, les viandes, etc.

« Garde le visage tourné vers le soleil pour ne pas voir ton ombre. »
Helen Keller.

Vous pouvez vous demander : alors, qu'est-ce qu'il me reste ? Parlez-en à votre médecin ou à un nutritionniste. Ils vous aideront à trouver un régime sain qui vous permettra de continuer à avancer. Votre médecin pourra vous dire si vos variations de poids viennent de votre traitement. Ensemble, vous pourrez définir votre régime alimentaire particulier et établir un programme d'exercices qui vous permettra de vous ajuster à ces variations de poids.

L'exercice physique

La valeur de l'exercice pour votre bien-être physique et mental n'est plus à prouver. Dans tous les magazines, vous trouverez de la publicité pour faire de l'exercice, choisir une salle de gym ou pour toutes sortes de machines. Vous remarquerez que même pour les publicités de médicaments, on utilise des photos de personnes qui marchent, qui courent ou qui font du vélo. Notre génération est très préoccupée par sa santé, au moins en théorie.

Peut-être que vous fuyez ces images, et que le fait de voir tous les corps parfaits de ces gens qui courent, nagent, sautent et paraissent être si bien dans leur peau vous font vous sentir encore plus mal que vous ne l'êtes. Ou bien vous vous dites : « Après tout, il suffit de faire une petite promenade chaque jour. » Mais cette promenade n'arrive jamais, ou une fois seulement. C'est difficile de commencer à prendre de bonnes habitudes, surtout si votre traitement vous a fait prendre du poids. Le plus dur, c'est de commencer. Je vous donne quelques idées pour vous aider à démarrer :

Choisissez des exercices qui vous plaisent, la natation, la danse, la marche.

Si vous choisissez la marche, prenez un baladeur avec une musique entraînante, bien rythmée.

Prévoyez de faire un tour avec un ami ou un collègue plusieurs fois par semaine.

Proposez d'aider quelqu'un à faire son jardin.

Inscrivez-vous à un club de gym si cela peut vous aider à être plus fidèle.

La lumière

Le fait de sortir une demi-heure par jour est sûrement la meilleure façon, et la moins chère, de bénéficier des effets bénéfiques de la lumière sur votre humeur. Si je reste enfermée plusieurs jours à travailler et que je fais ensuite une bonne promenade, je sens aussitôt que ça va mieux. Aujourd'hui, il y a de plus en plus de recherches faites sur les effets bénéfiques de la lumière.

Juste après la lumière directe du soleil en extérieur, ce qu'il y a de mieux, c'est de travailler et de vivre dans un environnement baigné par un éclairage qui donne tout le spectre lumineux. Ce type d'éclairage donne les mêmes doses d'ultraviolet que la lumière naturelle.

Certaines personnes qui font des dépressions en hiver peuvent être sujettes à ce qu'on appelle des Désordres Affectifs Saisonniers. S'exposer à la lumière naturelle ou à ce type d'éclairage pendant ces périodes de l'année peut aider à remonter le moral.

Le miracle de sortir de la dépression ou d'arriver à vivre harmonieusement avec ces troubles de l'humeur dépend d'un bon équilibre entre le physique, le psychologique et le spirituel.

Le rêve

Si l'on fait abstraction de la souffrance intérieure, la dépression a ses « avantages » et il y a des personnes qui préfèrent être en dépression et pouvoir se rendre utiles comme cela. Ma dépression et mon attaque cardiaque ont été des problèmes particulièrement graves au début, mais ce sont des événements qui se sont avérés prophétiques par la suite. J'avais tellement perdu confiance en moi que le fait d'être malade était devenu ma roue de secours. Je me réfugiais dans la maladie plutôt que de prendre de nouvelles responsabilités ou de sauter dans l'inconnu. Si je devais donner mon opinion, motiver des gens, faire aboutir un projet contre l'avis de mon entourage, j'étais obligée de sortir de la zone de sécurité de ma dépression. En cas d'échec, je n'aurais plus d'excuse. Je ne pourrais plus retourner dans mon cocon et soigner mes blessures. Je serais exposée à la critique des autres au lieu d'être à l'abri dans mon coin d'où, au contraire, je pourrais juger les autres. Quand on sent qu'on sort de la maladie, on peut être tenté de lutter entre notre « moi » dépressif et notre « moi » qui veut s'en sortir.

Quand nous avons la possibilité de nous jeter dans l'inconnu, de risquer l'échec, de commencer à vivre sans l'étiquette « dépression » collée sur le front, nous pouvons, inconsciemment, saboter notre effort pour nous en sortir et vouloir retourner dans notre zone de confort qui nous permet de reporter toutes les fautes sur la dépression. Après tout, les gens ont de la tendresse et de la compassion pour nous quand nous sommes malades et ils n'attendent pas grand-chose de nous. Entreprendre quelque chose de façon responsable, et dont le succès ou l'échec ne dépendent que de nous, peut nous sembler très d'effrayant. Accepter le défi de faire quelque chose que nous ne pouvions plus faire depuis des mois ou des années va attirer les regards. Que se passera-t-il si nous échouons ? Si nous échouons, cela prouvera que nous sommes comme tout le monde. Pour que les premiers pas soient plus faciles, il y a bien quelques astuces.

Il faut d'abord dépasser le blocage mental. Commencez par dresser la liste des personnes qui vous ont fait confiance dans votre vie et de celles dont vous avez suivi l'exemple. Qu'est-ce que vous avez apprécié le plus chez ces personnes ? Avant votre dépression, qu'est-ce qui a causé l'échec de tel ou tel projet qui vous tenait vraiment à cœur ? Qu'est-ce que vous en avez retenu de négatif ? Est-ce que ces causes ont été les vraies causes de votre échec ? Est-ce que ces causes continuent de vous influencer ?

« Les miracles sont l'ordinaire révélé dans sa simple splendeur. »
Rabbin Pirke Avot.

En quoi êtes-vous le plus fier de vous ? D'après vous, qu'est-ce que Dieu regarde en vous ? Faites une liste des qualités dont vous êtes le plus reconnaissant. Citez trois choses que vous aimeriez vraiment faire. Si vous pouviez être n'importe quoi, quelles sont les trois choses que vous aimeriez être ? Si vous aviez à demander une seule chose à Dieu, qu'est-ce que ce serait ? Qu'est-ce qui vous ferait le plus plaisir ?

Puis avancez, un pas à la fois. Peut-être que vous sentez cet appel intérieur : *Je voudrais changer de travail. Je me demande si je pourrais enseigner à cette classe. J'aimerais vraiment travailler à ce projet. Cela me ferait tellement plaisir si je pouvais de nouveau apporter ma touche personnelle, un peu plus de beauté à la maison.* Dès que vous vous êtes fixé un but, faites la liste des choses que vous *devez* faire, selon vous, pour atteindre ce but. Déchirez cette liste et faites-en une autre avec ce que vous *aimeriez* faire pour parvenir à ce but. Il y a des chances pour que ce que vous aimeriez faire soit plus intéressant que ce que vous pensez être obligé de faire, mais c'est normal : il n'y a pas de limites à vos désirs. Maintenant, faites la liste de ce que vous voulez vraiment faire. Qu'est-ce que vous vous voyez réellement faire ? Trouvez un lieu où vous pourrez prier : une église, votre chambre, un endroit dans un jardin public ou dans la nature. Présentez au Seigneur, une à une, toutes les choses que vous avez écrites : vos rêves, vos sentiments, ce qui vous paraît impossible… Analysez vos réactions quand vous présentez chaque chose au Seigneur. Comment vous sentez-vous ? Heureux, en paix, sûr de vous, enthousiaste ? Y a-t-il des idées qui vous laissent un sentiment négatif, qui font que vous vous sentez loin de Dieu ou des autres, un sentiment de peur ? Continuez à présenter vos pensées au Seigneur pendant plusieurs semaines, demandez-lui de vous faire voir son rêve pour vous. Celui qu'Il a inscrit au plus profond de votre cœur. À mesure que vous éliminez les pensées qui vous laissent un sentiment morbide, négatif, concentrez davantage votre attention sur ce qui vous laisse un sentiment de paix, de vie, d'espérance. Demandez au Seigneur de vous montrer comment vous pouvez atteindre votre but, avec des moyens qui vous feront du bien, qui feront du bien aux autres et qui soient agréables à Dieu. Quand vous vous serez mis d'accord avec Dieu sur ces moyens, demandez-lui de bénir ce que vous allez faire. À mesure que vous avancez vers votre but, soyez attentifs à ce que vous ressentez dans votre cœur. Vous pouvez répéter ces différentes étapes autant de fois que vous le jugerez nécessaire. Demandez toujours au Seigneur force et discernement.

C'est paradoxal, mais il y a toujours quelque chose de bon à tirer de la dépression, même si c'est épuisant. En ouvrant les yeux sur nos actes d'auto-sabotage, nous pouvons avancer vers cet avenir plein d'espoir, ce rêve que Dieu a inscrit au plus profond de notre cœur.

Suggestions de prière

Le signe de croix est un signe de bénédiction que nous faisons de la main droite, partant du front vers la poitrine et les épaules, en disant : « Au nom du Père et du Fils et du Saint-Esprit. Amen. » Le signe de croix est le symbole de la bénédiction divine, le symbole de Dieu qui nous comble de sa bénédiction. Nous rappelons ainsi la mort de Jésus sur la croix, une mort qui est un débordement de son amour pour nous. Le signe de croix est un rappel de son amour éternel, un amour qui reste gravé en nous pour toujours. Faites souvent le signe de croix. En faisant ce geste tout simple, vous vous rappelez que vous êtes béni de Dieu dans votre cœur, dans votre esprit, dans tout votre être. À travers cette prière que vous pouvez répéter sans cesse, laissez Dieu vous apporter sa paix, son amour et son réconfort. « Viens à moi », nous dit-il à travers cette prière. « N'aie pas peur. Avant que tu fasses quoi que ce soit, je te bénis et je te serre dans mes bras. »

Pour la personne qui souffre de dépression

C'est très difficile quand on est déprimé de prendre de bonnes habitudes. Je vous conseille de choisir deux ou trois suggestions concrètes dans ce qui suit et d'essayer de vous y tenir. Commencez par de petites choses.

Pour un ami qui souffre de dépression

Dites à votre ami que vous savez que Dieu a un projet pour lui ou elle et que ce projet apparaîtra clairement en son temps. Aidez votre ami(e) à assumer tous les changements qu'il (elle) a décidé d'entreprendre.

Conseils pour améliorer votre estime de soi

- Réjouissez-vous de ce que vous avez déjà fait.
- Soyez satisfait de ce que vous avez fait, même si ce n'est pas parfait.
- Prenez conscience que vous n'êtes pas vaincu : vous travaillez à résoudre vos problèmes.
- Acceptez qu'il faille plus de temps pour atteindre vos buts que vous ne l'espériez.
- Faites tout à votre rythme.
- Parlez avec des personnes qui peuvent vous aider.
- Essayez d'avoir une bonne opinion de vous-même.
- Décidez de croire que vous êtes un enfant de Dieu.
- Priez la Sainte Trinité qui est en vous.
- Faites confiance aux personnes qui disent du bien de vous.
- N'ayez pas honte de vos désordres psychologiques.

- Prenez la résolution de tirer le maximum de bonnes choses de la vie.
- Sachez que ceux qui ne vous respectent pas sont plus à plaindre que vous.
- Vivez au présent, une journée à la fois.
- Faites les choses dans l'ordre qui vous convient le mieux.
- Faites-vous plaisir, offrez-vous des loisirs, faites des travaux manuels, de l'artisanat.
- Soyez créatifs, faites de la peinture, du dessin, de la photo, de la danse, du sport, écrivez, etc.
- Prenez de petits risques dans un environnement sûr.
- Fréquentez des personnes qui vous aiment et que vous aimez.
- Écrivez vos qualités, tout ce que vous trouvez de positif en vous.
- Parlez autour de vous des symptômes de votre maladie, de ce que vous ressentez.

+ (Discrétion)

6

« Je ne peux pas m'empêcher de pleurer »

« Pourquoi moi ? C'est vraiment la question la plus douloureuse que je me pose. »

Juan

« Dieu a un plan, un rêve pour moi, et je sais que ma maladie, d'une façon ou d'une autre, en fait partie. J'ai appris à ne plus refuser la maladie et j'ai appris à écouter Dieu quand Il me parle. Avec du recul, je comprends que cette expérience m'a conduit à être "compassion du Christ" pour les autres. »

Ralph

Une petite histoire : un jour, un homme reçoit une lettre d'un homme d'affaires qui veut lui donner une somme d'argent importante. L'homme d'affaire ne dit pas d'où vient l'argent ni s'il y a des conditions à ce don, seulement qu'il viendra dans l'année pour apporter lui-même l'argent.

Notre ami, étonné par cette bonne nouvelle, fait le tour de sa maison. Il se pose des questions vis-à-vis de son travail, de ses amis. Il paraît évident qu'il va devoir faire des changements avant l'arrivée de son bienfaiteur. Il faut retaper les extérieurs de la maison, donner un coup de peinture à l'intérieur, faire quelques achats. Il se rend compte que le travail qu'il a actuellement et que même ses amis ne feront sûrement pas une trop bonne impression sur son bienfaiteur. Il ferait peut-être mieux de fréquenter des gens haut placés dans la société et de travailler plus.

Il fait une liste de ce qu'il doit changer dans sa vie afin de se montrer digne de l'honneur que lui fait son invité. Il commence à arranger la maison, le jardin, à s'occuper plus de lui-même. Il utilise largement sa carte de crédit pour couvrir les dépenses, dans l'espoir de pouvoir rembourser avec le fameux don. Il fait des heures supplémentaires dans l'espoir d'obtenir une promotion rapide et dans les six mois qui suivent, il accumule un gros déficit de sommeil.

« Le Christ a changé tous nos crépuscules en levers de soleil. »
Saint Clément d'Alexandrie.

Puis le fameux bienfaiteur arrive enfin, au cours d'un voyage d'affaire. Entre deux rendez-vous, il appelle notre homme chez lui plusieurs fois, mais tombe toujours sur le peintre ou le jardinier qui ne savent pas quand le propriétaire sera de retour. L'homme d'affaire se rend même chez lui, mais le propriétaire, trop préoccupé par ses propres pensées, ne le reçoit pas. L'homme d'affaire lui laisse un mot dans lequel il dit *: Puis-je vous rencontrer ? Un ami.* Avec un numéro de téléphone pour le joindre. Quand le propriétaire trouve le mot, il le froisse et le jette dans la corbeille. *Je n'ai vraiment pas de temps pour ça*, se dit-il.

Le lendemain, dans sa hâte de se rendre au travail, il bouscule son bienfaiteur qui lui dit sur le pas de la porte :

- Mon ami, je voudrais vous parler.

- Mais je ne vous connais pas, répond le propriétaire en toute hâte.

- Je sais que vous ne me connaissez pas, puis-je venir vous voir un de ces soirs ?

- Écoutez, je suis vraiment très pris ; je n'ai pas une soirée libre avant deux semaines. Je suis pressé, je dois vraiment y aller maintenant.

- Comme vous voulez, dit le bienfaiteur. Mais j'aimerais vraiment vous rencontrer avant de quitter la ville.

- Laissez-moi votre numéro de téléphone et je vous rappellerai.

L'homme d'affaires lui laisse son numéro de téléphone et part. Au bout de trois semaines, son travail terminé, il rentre chez lui et, à regret, écrit une lettre au propriétaire en lui expliquant qu'il avait voulu lui remettre l'argent et qu'il regrettait qu'ils n'aient pas pu se rencontrer.

Le propriétaire de la maison, se rendant compte de son erreur, répond par retour du courrier : « J'étais tellement préoccupé par votre visite, je voulais que tout soit parfait pour vous accueillir. »

La semaine suivante, il ouvre en tremblant la lettre qui ne contient qu'une feuille où il est écrit : « Vous n'aviez pas besoin de préparer quoi que ce soit pour moi. Je savais tout de vous. Cet argent, c'était mon *cadeau* pour vous. »

Dieu est cet Ami qui veut nous rencontrer et nous faire un cadeau. Dieu ne cherche pas la perfection en nous, il n'essaye pas de savoir si nous sommes dignes du cadeau qu'Il nous a préparé. Dieu nous connaît parfaitement, avec notre passé, nos peurs, nos imperfections, nos besoins, et même nos larmes qui semblent ne jamais s'arrêter de couler. Dieu nous aime comme nous sommes. Dieu est celui qui nous aime le plus, avec notre bagage, nos limites, et toute la beauté qui nous habite et que nous ne pouvons pas toujours voir. Rien dans notre vie ne peut nous rendre moins beaux aux yeux de Dieu. Nous ne devons pas faire l'erreur de croire que nous devons l'impressionner. Dieu vient toujours à notre rencontre, les bras grand ouverts, Il veut nous aider à trouver un sens à chaque situation. L'important, c'est que nous laissions Dieu nous impressionner. Laissons Dieu nous impressionner par son amour. Même si nous ne ressentons rien quand nous entendons parler de l'amour de Dieu, il faut y croire. Un jour, nous n'aurons plus besoin de croire car nous saurons. J'en ai fait l'expérience et d'autres autour de moi en ont fait l'expérience.

Est-ce que votre Dieu est bon ?

L'amour de Dieu peut rester une idée abstraite. Si l'amour de Dieu existe *réellement*, nous devons faire des comparaisons entre ce que nous ressentons quand nous nous savons aimés de Dieu et l'expérience que nous faisons humainement quand quelqu'un nous aime. À partir des images positives de l'amour humain nous pouvons approcher l'amour de Dieu et nous y plonger tout entiers, de façon sensible. Si nous croyons que Dieu est bon, nous pouvons croire qu'Il nous aime au moins autant qu'une autre personne pourrait le faire quand elle nous comprend et nous accepte tels que nous sommes. Si vous pensez que Dieu ne vous aime pas au moins autant que la meilleure personne que vous connaissez, c'est que vous ne connaissez pas encore Dieu. Déjà dans les Écritures, Dieu nous fait connaître son immense amour.

Dieu se révèle tendre, compatissant et fidèle.

> *« Le Seigneur passa devant lui et Moïse proclama : Seigneur, Seigneur, Dieu de tendresse et de pitié, lent à la colère, riche en grâce et en fidélité, qui garde sa grâce à des milliers de générations, qui supporte la faute, la révolte et le péché, mais ne laisse rien impuni et châtie la faute des pères sur les enfants et les petits-enfants sur trois et quatre générations. »*
> Exode 34, 6-7

L'amour de Dieu est un amour sûr. Nous pouvons nous appuyer sur Dieu.

> « *Quand Israël était jeune, je l'ai aimé, et d'Égypte j'ai appelé mon fils. Mais plus je les appelaient, plus ils s'écartaient de moi : c'est aux Baals qu'ils ont sacrifié et c'est à des idoles taillées qu'ils ont brûlé des offrandes. C'est pourtant moi qui avais appris à marcher à Ephraïm, le prenant par les bras, mais ils n'ont pas reconnu que je prenais soin d'eux. Je les menais avec des attaches humaines, avec des liens d'amour, j'étais pour eux comme ceux qui soulèvent un nourrisson contre leur joue, et je lui tendais de quoi se nourrir.* »
> Osée 11, 1-4

Dieu reconnaît notre dignité d'être, une dignité qu'aucun déséquilibre psychologique ne peut entacher.

« *Maintenant, ainsi parle le Seigneur qui t'a créé, Jacob, qui t'a formé, Israël : ne crains pas, car je t'ai racheté, je t'ai appelé par ton nom, tu es à moi. Si tu passes à travers les eaux, je serai avec toi, à travers les fleuves, ils ne te submergeront pas. Si tu marches au milieu du feu, tu ne souffriras pas et la flamme ne te brûlera pas, car moi, le Seigneur, je suis ton Dieu, le Saint d'Israël, ton Sauveur. J'ai donné l'Égypte en rançon pour toi, Kush et Séba à ta place. Car tu comptes beaucoup à mes yeux, tu as du prix et je t'aime ; je donne donc des hommes en échange de ta personne. Ne crains pas, car je suis avec toi, depuis le levant je ferai revenir ta descendance, depuis le couchant je te rassemblerai.* »
Isaïe 43, 1-5 ; Jérémie 31, 31-34

Dieu nous apprécie. Il trouve ses délices en ceux qu'il a créés.

« *Les nations verront ta justice, et tous les rois ta gloire. On t'appellera d'un nom nouveau que la bouche du Seigneur énoncera. Tu seras une couronne de splendeur dans la main du Seigneur, une tiare de royauté dans la paume de ton Dieu. On ne te dira plus : « L'abandonnée », on ne dira plus à ta terre : « La désolée », mais on t'appellera : « Celle en qui je prends plaisir », et ta terre « Épousée », car le Seigneur trouvera son plaisir en toi et ta terre sera épousée. En effet, comme le jeune homme épouse sa fiancée, ton bâtisseur t'épousera. Et c'est la joie de l'époux au sujet de l'épouse que ton Dieu éprouvera à ton sujet.* »
Isaïe 62, 2-5

Dieu se soucie de notre bien-être.

> *« Moi je sais les projets que j'ai formés à votre sujet - oracle du Seigneur -, projets de prospérité et non de malheur : je vais vous donner un avenir et une espérance. »*
> Jérémie 29, 11

Établissez votre vie sur l'amour de Dieu

Sainte Édith Stein, devenue sainte Bénédicte de la Croix, est née dans une famille juive le 12 octobre 1891. Philosophe, elle deviendra catholique le 1er janvier 1922, entrera au Carmel et mourra à Auschwitz.

Élève brillante, Édith obtient son diplôme avec tous les honneurs en 1916 et le célèbre philosophe et phénoménologue Edmond Husserl la prend comme assistante de recherche et d'enseignement. La joie de son succès ne dure pas. La première guerre mondiale fait rage avec ses centaines de milliers de morts, ce qui cause de terribles souffrances à Édith. Parmi les victimes se trouve un de ses amis les plus chers, Adolphe Reinach, qui lui avait fait rencontrer Husserl. Édith va voir la veuve de Reinach pour la consoler, mais c'est finalement celle-ci qui la console.

> ***« L'ombre est plus profonde là où abonde la lumière. »***
> Johann Wolfgang von Goethe.

Édith continue à traduire,

étudier, enseigner, et à donner des conférences jusqu'en 1933, moment où le régime hitlérien promulgue les lois racistes et enlève tous leurs droits aux non-Aryens, notamment leur droit au travail. Le 19 avril 1933, Édith perd son poste de professeur à l'Institut pédagogique catholique de Munster. Elle ne peut ignorer ni la menace qui plane sur le monde ni le sentiment d'impuissance de ses compatriotes ni ses propres pressentiments. « Je sombrais dans un terrible désespoir. Je ne pouvais plus traverser une rue sans souhaiter me faire renverser par une voiture… et ne pas en sortir vivante[2]. »

Peu après son entrée au Carmel de Cologne, alors qu'elle prie pour son Allemagne bien-aimée, devant le Saint-Sacrement, consciente de cette ombre qui plane au-dessus de son pays, elle réalise alors que :

> « C'était la croix de Jésus qui était posée sur le peuple juif. La plupart d'entre eux ne le comprenaient pas ; mais ceux qui le comprenaient devaient l'accepter volontiers au nom de tous. C'est ce que je voulais faire, j'attendais qu'il me montre de quelle façon je devais le faire. À la fin de l'adoration, j'avais la conviction intérieure que j'avais été entendue. Mais qu'est-ce que cela voulait dire que de porter la croix ? Je ne le savais pas encore[3]. »

---

2. Maria Amata Neyer, OCD, Edith Stein, *Her Life in Photos and Documents, trans. Waltruat Stein* (Washington, D.C. : ICS Publications, 1998), p. 22.

3. Voir Cecily Hastings and Donald Nicholl, trans., *Sister Teresia de Spiritu Sancto [Posselt], Edith Stein*, New York, Sheed and Ward, 1952, p. 118.

Quand Édith reçoit le nom de Sr Bénédicte de la Croix, elle fait allusion à cette nuit de prière.

> « Il faut que je vous dise que j'avais déjà apporté mon nom de profession dans cette maison quand j'étais postulante. Je l'ai reçu comme je l'avais demandé. Par la croix, je comprenais le destin du peuple de Dieu, qui à ce moment commençait à se faire connaître. Je pensais que ceux qui reconnaissaient dans cette épreuve la Croix du Christ devaient l'accepter au nom de tous. C'est sûr qu'aujourd'hui, je comprends mieux ce que cela veut dire que d'être l'épouse du Seigneur par le signe de la Croix. Bien sûr, personne ne peut le comprendre complètement, c'est un mystère[4]. »

Sa dernière œuvre philosophique, terminée au monastère pour le quatrième centenaire de la naissance de saint Jean de la Croix, a pour titre : *La science de la Croix*. Après son arrestation et celle de sa sœur, Rosa Stein, le 2 août 1942 par les S.S., la supérieure du Carmel retrouve le manuscrit ouvert, ce qui signifiait qu'elle y avait travaillé le jour même de son arrestation.

Peu après, la supérieure du Carmel recevait une lettre de Sr Bénédicte datée du 5 août 1942 qui disait : « Je me réjouis de tout. On ne peut comprendre la science de la Croix que si on en sent le poids qui nous écrase de toute sa puissance[5]. »

Le soir du 7 août 1942, les sœurs Stein prirent un train à destination d'Auschwitz. Ensemble, avec d'autres

---

4. Edith Stein, *The Science of the Cross, Washington,* D.C., Institute of Carmelite Studies, 2003, p. XIX.sdkf.

5. Gino Concetti, « Edith Stein », *L'Osservatore Romano*, 27 avril 1987, p. 3-4.

femmes et des enfants, elles moururent dans une chambre à gaz le 9 août et leurs corps furent jetés dans une fosse.

Édith Stein a laissé ces mots : « Je crois en Dieu. Je crois que la nature de Dieu, c'est l'amour, je crois que l'homme existe dans l'amour, qu'il est soutenu par Dieu, qu'il est sauvé par Dieu[6]. » Édith Stein dit ceci aux dépressifs : *Ancrez votre vie dans l'amour de Dieu. Croyez dans le mystère de la Croix.* Même si vous en voulez à Dieu, si vous croyez que c'est Dieu qui a permis cette maladie ou ces problèmes, retenez cette phrase d'Édith Stein, elle vous permettra d'ancrer votre vie en Dieu. Ancrez votre vie dans les eaux du baptême qui continuent à purifier votre âme. Ancrez votre vie dans votre dignité propre de fils ou de fille de Dieu. Ancrez votre vie dans l'Unique qui pourra vous protéger. Devenez un prophète silencieux, annonçant la quête de Dieu, la seule quête qui vous apportera la paix véritable.

Suggestions de prière

Ayez toujours de l'eau bénite dans votre maison. L'eau bénite nous rappelle que nous sommes guéris et sauvés. L'Église nous encourage à nous bénir avec de l'eau bénite quand nous sommes menacés par les tempêtes, la maladie, les situations tragiques ou autres calamités. Vous pouvez garder l'eau bénite dans une

---

6. *Ibid.*

bouteille ou dans un bénitier suspendu à l'entrée de votre chambre. Quand j'étais petite, dans ma famille, nous avions toujours de l'eau bénite dans chaque chambre pendant toute notre enfance et notre adolescence. La première et la dernière chose que nous faisions dans la journée, c'était de nous signer avec de l'eau bénite. Vous pouvez réciter une courte prière au moment où vous vous signez avec l'eau bénite, comme : « Par cette eau bénite et par ton précieux Sang, apporte-moi, Seigneur, la paix de l'esprit et du cœur. »

Pour la personne qui souffre de dépression

Gardez sur votre table de nuit un petit carnet. Chaque soir, notez les noms d'une ou deux personnes qui vous ont manifesté un peu de la tendresse de Dieu.

Pour un ami qui souffre de dépression

Pendant la prière, pensez aux moments que vous avez passés avec votre ami qui souffre de dépression. Êtes-vous heureux de la façon dont vous lui avez montré votre affection, votre attention ? Est-ce qu'il y a quelque chose que vous voudriez modifier ? Parlez-en à Jésus.

Les différents types de dépression

Les troubles d'ordre dépressif se présentent sous différentes formes. Il y a plusieurs diagnostics de la dépression. Ces diagnostics sont principalement déterminés par l'intensité et la durée des symptômes, mais aussi par les causes spécifiques des symptômes, si elles sont connues. On peut traiter la dépression. Chaque forme de dépression est unique pour chaque personne, ce qui montre bien que le traitement sera unique, fait sur mesure pour chaque personne.

Dépression majeure

La dépression majeure ou clinique est la forme la plus grave de dépression, caractérisée par une combinaison de symptômes importants qui interfèrent avec le sommeil, le travail, l'alimentation, le goût et le dégoût pour des activités qui nous plaisaient auparavant. Des crises de dépression qui vous handicapent à ce point peuvent arriver une, deux ou même plusieurs fois dans votre vie.

Dysthymie

La dysthymie est le résultat de symptômes chroniques à long terme qui n'handicapent pas gravement la personne, mais l'empêchent de se sentir bien. C'est une forme de dépression qui est bien moins sévère que d'autres, mais qui vous empêche de vivre pleinement. Cette tendance à la dépression peut venir de traumatismes de votre enfance, de passages difficiles que vous avez vécus dans votre vie, de pertes personnelles, de problèmes non résolus, d'un stress chronique. Un désordre dysthymique est caractérisé par la présence de symptômes permanents (humeur dépressive pendant plus de deux ans, troubles du sommeil, mauvaise estime de soi, difficultés de concentration, maux de tête permanents, etc.) ; comme elle ne nous handicape pas autant qu'une dépression clinique, nous oublions d'en parler à notre médecin et il n'y a pas de diagnostic, mais on peut aussi en guérir.

Maniaco-dépression

La maniaco-dépression ou maladie bipolaire, moins courante que la plupart des dépressions, est plus connue du fait que des artistes de renom en ont souffert. La maniaco-dépression a deux aspects bien distincts : l'aspect dépressif et l'aspect excitation. Les personnes qui souffrent de maniaco-dépression expérimentent des sommets où elles ont des idées de grandeur, d'optimisme, ne sentent pas le besoin de dormir ou de manger, manifestent irritabilité et hyperactivité. Une période de crise aiguë ou d'excitation est suivie d'une crise de dépression. Il y a également des crises moins sévères avec des périodes de très forte activité ou créativité qui sont habituellement suivies par une période d'abattement et d'indifférence. La maniaco-dépression est très facile à traiter.

Cyclothymie

La cyclothymie, ou bipolaire minima, est une forme plus douce de la maniaco-dépression. Des formes douces d'excitation alternent avec des accès légers de dépression. Les symptômes sont beaucoup moins graves que les explosions dues à la maladie bipolaire. L'instabilité dans le travail et dans les relations avec les autres suite à des sautes d'humeur imprévisibles, une certaine irritabilité, fait qu'il n'est pas facile de vivre avec des personnes atteintes de cyclothymie. Les cycles de cyclothymie sont beaucoup plus courts que chez les maniaco-dépressifs. Les cyclothymiques suivent rarement un traitement. Ces personnes sont extrêmement productives quand elles sont en crise hypomaniaque.

Dépression post-partum

La plupart des femmes expérimentent une déprime du fait des changements rapides au niveau des hormones après un accouchement, le tout associé au stress d'avoir un nouvel enfant, plus les différents ajustements à faire dans cette nouvelle vie. Cela peut se traduire par des crises de larmes, de chagrin, d'irritabilité, de forte dépendance. Dans la plupart des cas, ce « baby blues » arrive quelques jours, quelques semaines, voire quelques années après l'accouchement. À cela peuvent s'ajouter des crises d'angoisses, des accès de panique. Dans quelques cas, des symptômes psychotiques peuvent apparaître, parfois même des fantasmes et des hallucinations. Le post-partum apparaît le plus souvent six à huit semaines après l'accouchement. Ce type de dépression peut également être traité.

Troubles saisonniers de l'humeur

Les personnes qui souffrent de ce type de dépression ressentent les mêmes symptômes à un même moment particulier de l'année, la plupart du temps en automne ou en hiver (d'octobre/novembre à avril/mai). Pendant ces périodes, ceux qui souffrent de troubles saisonniers de l'humeur voient leurs rythmes de sommeil bouleversés, ils éprouvent une plus grande fatigue, des moments d'apathie, d'irritabilité, ils ont plus d'appétit. Ces personnes doivent s'exposer régulièrement à la lumière. Des chercheurs ont également découvert une forme de dépression estivale déclenchée par les fortes chaleurs et une intense luminosité. Cette forme de dépression se déclare de juin à août, mais elle peut être associée à d'autres désordres de type dépressif.

La dépression existentielle

Ce type de dépression existentielle est déclenché par une recherche ou une perte de sens ou de but dans la vie. Les transitions, un changement de travail, une recherche plus profonde du sens de la vie, tout cela peut déclencher une dépression existentielle. Un certain nombre de chercheurs attribuent ce type de dépression aux personnes qui n'arrivent pas à trouver ou à remplir leur passion dans la vie, ou à trouver leur véritable motivation.

Troubles de l'humeur liés à une condition médicale

Certaines conditions médicales peuvent produire des dépressions majeures, comme des désordres neurologiques, des crises d'épilepsie. Certaines maladies peuvent causer des lésions cérébrales, comme des infections virales, des problèmes cardiaques, des attaques cardiaques, de l'arthrite, un lupus, des carences en vitamines, des cancers, différentes formes de diabètes, la sclérose en plaques, etc.

Dépression iatrogène (due à la prise de médicaments)

Un certain nombre de médicaments courants ont des effets secondaires qui peuvent entraîner la dépression : certains médicaments utilisés pour les insuffisances cardiaques, des sédatifs, certains stéroïdes, des stimulants, des analgésiques, des antibiotiques et des médicaments antifongiques. Renseignez-vous auprès de votre médecin traitant si vous soupçonnez que tel ou tel médicament renforce votre dépression.

Troubles de l'humeur induits par des substances

Les dépressifs sont souvent plus attirés que les non-dépressifs par l'alcool et autres drogues, parce qu'ils veulent se sentir mieux. Et ceux qui en abusent sont plus facilement sujets à la dépression. Pendant le traitement, s'il faut traiter la dépression, il faut également traiter la dépendance à l'alcool ou à la drogue.

7

« Je deviens fou ! »

« J'entends tellement de voix dans ma tête, Seigneur, fais-moi reconnaître ta voix. »

Sean

« Quand j'ai des crises de culpabilité, je répète souvent cette petite phrase : "Jésus, j'ai confiance en Toi" et je cherche conseil auprès d'un prêtre dans le sacrement de réconciliation. La miséricorde de Jésus est plus puissante que tout ce que je pourrais faire. Je me tourne aussi vers Marie en récitant des "Je vous salue". Tout cela m'a très souvent rendu la paix du cœur et de l'esprit. »

Linda Rose

Quand quelqu'un dit : « Je deviens fou », l'accent est presque toujours mis sur le mot « fou ». Qu'est-ce que ça veut dire : « fou » ? Pour moi, le mot fou veut dire que mon esprit est surencombré, que le tonnerre gronde dans ma tête, que je suis complètement dépassée par une foule de petites choses et que je n'ai qu'une envie, c'est de m'asseoir sur le bord du trottoir et de pleurer. Pour chacun de nous, le terme fou a une signification différente. Nous pourrions en parler pendant des heures mais nous oublions le sujet même de la phrase « Je ». Ce « Je » est un mot très important qui veut dire « moi », « ce que je suis ». *Qui suis-je ?*

Je suis la demeure de la Sainte Trinité

Tout chrétien démarre son pèlerinage sur cette terre par le bain du baptême, qu'il soit baptisé tout bébé ou en tant qu'adulte. Les eaux du baptême sont le signe sensible, visible de Jésus mort et ressuscité. Tous les catholiques ont été immergés dans les eaux du baptême et sont entrés en contact direct avec Jésus qui est mort et ressuscité. Quand la personne qui va être baptisée est plongée dans ces eaux, elle meurt et elle est enterrée avec le Christ. Quand elle sort des eaux du baptême, elle en sort avec Jésus pour une vie nouvelle. Bien sûr, quand nous assistons à un baptême, nous ne voyons que quelques gouttes d'eau versées sur le front du bébé et nous entendons ces paroles : « Je te baptise au nom du Père, du Fils et du Saint-Esprit. » Nous ne nous rendons pas toujours compte de ce qui se passe. Au moment du baptême, la mort et la résurrection du Christ pénètrent au plus profond de la personne qui est baptisée. L'eau met la personne en contact direct avec le Seigneur. Toute la puissance salvatrice que de la mort et de la résurrection du Christ est gravée dans la nature même de la personne baptisée et Jésus vit désormais en elle. C'est vrai. C'est réel.

À ce moment précis, il y a une transformation totale. Le péché et le mal ne peuvent plus nous dominer, car Celui qui a vaincu le mal, c'est Celui qui a pris sur Lui tous les péchés du monde, toutes les maladies, toutes les larmes, tout le mal. Le baptême nous transforme complètement. Nous devenons la demeure de la Sainte Trinité, le temple de la Sainte Trinité, nous sommes habités par le Très Haut. Nous sommes le sanctuaire, le temple vivant, et les cieux tout entiers sont au-dedans de nous ! C'est tellement vrai que les Pères de l'Église, s'ils entraient dans une église au moment d'un baptême, allaient s'agenouiller devant l'enfant qui venait d'être baptisé. Si on leur demandait : « Pourquoi faites-vous cela ? », ils répondaient : « Nous adorons la Sainte Trinité qui est venue habiter chez cet enfant. » Ils avaient les yeux de la foi et voyaient la réalité de la grâce du sacrement.

Christ est le Victorieux qui, par sa mort et sa résurrection, a vaincu le mal. La mort, la destruction, la tristesse n'auront plus le dernier mot. Le dernier mot appartient à la victoire du Christ, à son triomphe complet. Il n'y a plus de mort qui ne puisse donner la vie, de souffrance qui ne puisse donner la plénitude, de tristesse qui ne puisse se convertir en joie profonde. Il n'y a plus de limites, de fragilités, de souffrances psychologiques, de troubles de l'humeur qui soient plus forts que le

« Chaussez vos chaussures à ressort et sautez dans le cœur de Dieu. »

Maître Eckhart.

Ressuscité. Nous sommes enfants de la victoire de la Résurrection. Si seulement cette vérité pouvait nous dévorer de son feu !

Pendant des années, j'ai passé mes veillées de Noël et de Pâques à pleurer parce que je me sentais déconnectée du mystère de l'amour. Maintenant, les larmes que je verse sont des larmes de paix, sachant avec certitude que Dieu m'aime, Lui qui est amour. Si nous avons la foi, si nous continuons d'aimer et d'espérer à travers nos larmes, la joie de la Résurrection, la gloire de Dieu qui nous habite, transformera nos larmes en une assurance paisible de l'amour de Dieu. Même si nous ne voyons pas aujourd'hui la victoire définitive - sur cette terre, nous sommes toujours dans la vallée de larmes, la tristesse et la souffrance font partie de notre réalité humaine - le dernier mot appartient à Celui qui a vaincu la mort et le péché. Il a transformé toutes les peines en victoires. C'est notre foi. C'est notre certitude.

Qu'est-ce qui nous rend fous ?

Certains cheminements tordus de notre pensée nous font penser que nous devenons fous. Quand une personne est déprimée, il semblerait qu'elle ne pense qu'à elle, qu'à essayer de survivre une journée de plus. La dépression peut avoir des effets désastreux sur le bien-être d'une personne et peut certainement contribuer à la perte de l'estime que cette personne a d'elle-même.

Stewart réussit bien dans sa carrière, mais quand il est

déprimé, il ne sait plus quoi penser, il rumine de sombres pensées. Son métier l'oblige à se montrer en public et il n'a pas le temps de se laisser aller à la mélancolie. Quand il est particulièrement déprimé et qu'il se sent au plus bas, il n'en cherche pas la cause mais se réfugie dans la prière. Il récite une prière qu'un ami lui a suggérée il y a très longtemps : « Jésus, je te donne toutes mes pensées. Tu es plus grand que tous ces sentiments et que toutes ces pensées. » Et il répète cette prière calmement. « Cela me rassure de savoir que je peux transformer mes moments de difficulté en des actes de foi et d'espérance à travers cette prière », nous dit-il.

Contrairement à un ulcère, la dépression n'est pas une maladie « privée » ni une maladie contagieuse comme la varicelle. Les dépressifs se sentent stigmatisés par cette maladie qu'ils ne peuvent pas toujours contrôler. Ils doivent faire face à de nouvelles façons de vivre à cause de leur maladie, et cela souvent à long terme. Certains ont peur de se détester, d'autres craignent de fréquenter d'autres malades, d'autres encore pensent qu'ils ont perdu toute crédibilité auprès des autres. Une personne peut s'enfermer sur elle-même par honte de sa maladie ou parce qu'elle se sent coupable, alors qu'il vaudrait beaucoup mieux pour elle qu'elle rencontre d'autres personnes. Certains pensent qu'il y a quelque chose qui ne va pas chez eux, qu'ils sont différents, et que tout le monde le sait. Parfois, nous ne nous rendons même pas compte à quel point notre vision des choses est faussée.

Certains dépressifs peuvent être envahis par des pensées complètement irrationnelles, obsessives. Ces pensées répétitives sont irréelles et sont source d'angoisses. Nous avons tous à lutter contre un certain nombre de pensées négatives ou déformées, mais ceux qui souffrent de troubles de l'humeur peuvent se sentir tellement dépassés que c'est un véritable handicap.

Ci-dessous, j'ai fait la liste de douze schémas de ce type de pensées. On peut les identifier facilement parce qu'elles provoquent des émotions douloureuses (par exemple des soucis ou des angoisses). Ces pensées peuvent également être source de conflit avec l'entourage.

Le tout ou rien : Tout dans la vie devient « tout ou rien », blanc ou noir. Entre les deux extrêmes, rien, plus aucune nuance. Il n'y a plus de place à l'erreur. *Je n'ai pas reçu telle ou telle promotion, je suis un nul, je n'arriverai jamais à rien.*

Généralisation outrancière : Une conclusion générale basée sur une seule observation. *Mon nouvel ami ne m'a pas invité à dîner, personne ne peut vraiment m'aimer, je ne peux pas avoir d'amis.*

Schéma catastrophe : La moindre chose devient une catastrophe. *J'ai mal au ventre, c'est sûrement un ulcère.*

Superpouvoir imaginaire : On a le sentiment qu'un superpouvoir imaginaire contrôle toute notre vie ou que nous sommes responsables de tout ce qui se passe. *Je ne pourrai jamais quitter le bureau à l'heure. Ce serait catastrophique si je ne finissais pas ce travail cette nuit.*

Nombrilisme : Tout tourne autour de vous. *Je suis sûr que tout le monde au bureau a vu la tache sur ma cravate. Ils doivent tous penser que je suis un nul.*

Impartialité imaginaire : Je juge les personnes sur des idées préconçues de ce qui est juste et injuste. *Si mes enfants faisaient vraiment attention à moi, ils seraient à l'heure pour le repas.*

Raisonnement subjectif : Penser que tout ce que vous sentez est vrai. *Je me sens moche ; donc je suis moche.*

Attente tyrannique : Décider que ça irait mieux si une personne changeait d'attitude et suivait mes conseils. Comme si mon bonheur dépendait du changement de comportement de cette personne. *Si ma femme comprenait ce que je vis, il y aurait moins de disputes à la maison.*

Étiquette : Généraliser à partir d'un fait et coller des étiquettes à son entourage. *Ma secrétaire a fait une faute d'orthographe, soit elle ne comprend pas le français, soit elle se moque de son travail, elle mérite d'être renvoyée.*

Réglementation autoritaire : Voir la vie selon un jeu de règles absolues que tout le monde doit suivre. *Je ne devrais jamais me mettre en colère.*

Maximiser et minimiser : Minimiser ce qui est bien et maximiser ce qui ne va pas. *J'ai fait une présentation impeccable, mais je me suis embrouillé dans la réponse à cette dernière question. Même si tout le monde m'a félicité pour la présentation, je ne pouvais faire autrement que de m'excuser de n'avoir pas pu répondre à cette question.*

Interpréter les pensées des autres : Tirer des conclusions à partir de ce que vous croyez que les autres pensent. *C'est la troisième fois que mon patron passe devant mon bureau. Il doit surveiller ce que je fais. Il n'a plus confiance en moi.*

Nous utilisons tous au moins quelques-uns de ces schémas de façon régulière. Un peu partout, vous trouverez une littérature abondante sur le sujet, cette littérature vous donnera des idées rationnelles qui vous aideront à vous sortir de ces schémas de pensée. La plupart de ces livres vous aideront à reconnaître ces pensées fausses, fruit de votre imagination, et vous permettront de substituer la réalité à ces phantasmes et ainsi, vous pourrez retrouver une certaine paix intérieure. Par exemple, au lieu de penser : « Je ne suis bon à rien », ce qui vous rendrait encore plus malheureux si vous êtes déprimé, vous pouvez vous entraîner à voir les choses autrement : « Quand je suis en forme, je peux abattre un travail colossal. En ce moment, malheureusement, je ne peux pas en exiger autant de moi-même, mais je sais que Dieu m'aide. »

Pour le moment, si vous vous reconnaissez dans deux ou trois de ces schémas, prenez un temps de réflexion avec Jésus et soumettez-les lui. Est-ce que ces types de pensée vous rendent la vie difficile, dans vos relations, dans votre travail ? Est-ce que vous arrivez à vous rendre compte de ce qui se passe réellement dans votre vie ? Laissez Jésus vous faire voir ce qu'Il en pense. Prenez note de ce qu'Il vous dit. Écrivez une de vos réponses à ses suggestions.

« Que rien ne te trouble, que rien ne t'effraie. Tout s'en va. Dieu demeure. »
Sainte Thérèse d'Avila.

Nous passons 90% de notre temps à nous pencher sur ce qui ne va pas dans notre vie, alors que le négatif n'en touche qu'une infime partie. Nous ne passons que 10% de notre vie à nous réjouir de ce qui va bien, des bonnes surprises, de ce qui nous a comblés. Il faudrait faire l'inverse en prenant un temps d'action de grâce chaque semaine dans la prière, en apprenant à remercier le Seigneur. À vous d'évaluer ce temps d'action de grâce selon ce que vous ressentez. Préservez ces moments précieusement, vous ne voulez pas être dérangé pendant votre action de grâce. Remerciez Dieu des bons moments, des bonnes surprises, des belles choses qui vous sont arrivées pendant la semaine. Plus vous persévérerez, plus vous vous rendrez compte de la beauté qui habite votre vie ; vous vous préoccuperez moins de ces mauvaises habitudes de pensée et davantage de la réalité.

Suggestions de prière

Quand votre esprit s'égare dans ces mauvais chemins et que vous vous éloignez de la réalité, méditez le chemin de croix. Vous pouvez aussi remplacer les quatorze stations traditionnelles par vos propres stations/méditations tout au long du chemin de croix. À chaque station, vous pouvez ajouter une des façons que vous avez de déformer la réalité. Vous pouvez unir vos souffrances à celles de Jésus.

Première station
Jésus au jardin de Gethsémani

Jésus, quand j'ai l'impression que tout ce que je fais est soit un succès total soit une catastrophe retentissante, fais-moi voir les défauts que je n'arrive pas à voir dans ces réussites et ce qu'il y a de bon dans mes échecs, aide-moi à voir la réalité, aide-moi à voir le « juste milieu » des choses. Tu nous as sauvés et tu nous donnes la vie éternelle à travers ce qui pouvait apparaître comme une défaite, ta mort sur la croix. Jésus, dans mes moments d'agonie, aide-moi à te sentir tout proche, tel un guide, un compagnon.

Deuxième station
La trahison de Judas

Seigneur Jésus, quand j'ai le sentiment d'être abandonné par mes amis ou que je ne comprends pas leurs attitudes, donne-moi la force de leur parler et de leur demander ce qui ne va pas plutôt que de me hâter à tirer des conclusions générales, souvent fausses. Apprends-moi à respecter le mystère de la personne qui m'a fait du mal comme tu as respecté Judas jusqu'à la fin. Prends-moi dans tes bras quand mon humeur est troublée par telle personne ou telle parole.

Troisième station
Jésus est condamné à mort

Jésus, aide-moi à considérer comme grandes les grandes choses et surtout, à considérer comme petites les petites choses de ma vie. Quand tout me semble aller à la catastrophe, je veux me souvenir que tu te tenais debout devant le Sanhédrin, confiant dans ton Père qui allait veiller sur toi. Jésus, quand le monde pour moi paraît tourner à l'envers, aide-moi à me souvenir que notre Père prend soin de moi.

Quatrième station
Pierre renie Jésus

Jésus, aide-moi à comprendre qu'il y a des choses que je ne peux pas contrôler et qu'aussi fort que je puisse le vouloir, je ne peux pas être parfait. Aide-moi à entrer dans le mystère de l'impuissance, à comprendre tes sentiments au moment où tu as choisi Pierre, l'apôtre qui allait te renier et t'abandonner au moment de ta mort. T'es-tu demandé pourquoi tu avais passé tant de temps avec lui pour qu'à la fin, il t'abandonne ? Ou as-tu confié l'avenir de ton royaume à Dieu le Père puisque ta mort signifie que tu as renoncé à tout pouvoir ? Jésus, quand j'ai le sentiment que je contrôle tout, aide-moi à ouvrir la main et à lâcher mon emprise. Apprends-moi à rire et à m'amuser de nouveau.

Cinquième station
Jésus comparaît devant Pilate

Jésus, tu es là, à mes côtés, quand je crois que les autres me jugent. Qu'as-tu ressenti quand tu as été condamné devant la foule ? J'ai souvent l'impression de me retrouver dans cette situation. Jésus, c'est vrai que j'interprète ce que les uns et les autres disent, ou la façon qu'ils ont de me regarder, comme s'ils me condamnaient ou qu'ils se moquaient de moi. Jésus, quand j'ai l'impression que tout le monde me regarde, couvre-moi de ton amour.

Sixième station
Jésus est flagellé et couronné d'épines

Jésus, c'est tellement injuste. À quoi pensais-tu quand les soldats te flagellaient ? Quand ils se moquaient de toi, quand ils t'ont coiffé d'une couronne d'épines ? J'aurais été furieux d'être humilié de la sorte. Mais tu voyais plus loin ; tu savais que la vie n'est pas une question de justice, que parfois les gens peuvent nous traiter de façon injuste. Jésus, quand je sens que les gens me traitent injustement, aide-moi à me souvenir de ce que tu m'as montré, de l'exemple que tu as donné au monde. Tu m'as montré que dans le mystère de la souffrance, je pouvais unir mes souffrances aux tiennes et participer à ton œuvre de rédemption du monde.

Septième station
Jésus porte la croix

Jésus, qu'as-tu pensé de toi quand tu as commencé ton chemin de croix à travers les rues encombrées de Jérusalem ? Est-ce que tu t'es demandé ce que tu avais pu faire pour mériter tout cela ? Peut-être que si tu avais agi autrement, tu n'aurais pas fini comme un criminel ? As-tu eu peur de tous ces gens qui te bousculaient ? As-tu voulu fuir la présence des soldats ? Parfois, je me sens en dessous de tout. Je porte ma croix de la dépression et je pense que je ne vaux rien, que j'ai tout raté, que je suis moche. Jésus, quand je suis envahi par ces pensées, aide-moi à me souvenir que ce n'est pas vrai. Aide-moi à porter ma croix à tes côtés, à te regarder dans les yeux, à voir dans ton regard qui je suis vraiment et à comprendre que tu m'aimes à en mourir.

Huitième station
Simon de Cyrène aide Jésus à porter sa croix

Jésus, espérais-tu que quelqu'un vienne t'aider à porter ta croix ou as-tu été surpris que les soldats romains demandent à Simon qu'il prenne ta croix sur ses épaules ? Souvent, je demande à Simon de venir m'aider, d'envoyer quelqu'un à mon aide ou d'aider telle personne à changer son comportement à mon égard. Quand Simon ne vient pas, Seigneur, est-ce que je peux te demander d'être mon Simon et de m'aider à ne pas m'aigrir et à ne pas accuser le monde entier d'être la cause de mes problèmes ? Jésus, laisse-moi voir ton visage et je serai sauvé.

Neuvième station
Jésus rencontre les femmes de Jérusalem

Jésus, ces femmes étaient tellement compatissantes. Qu'est-ce qu'elles voyaient en toi ? Il t'aurait été tellement facile de maudire toute la race humaine pour ce qu'elle te faisait subir. Mais tu n'es pas tombé dans le piège, tu n'as pas condamné toute l'humanité pour les actes de quelques-uns. Tu es resté ouvert aux gestes de tendresse de ces femmes. Quand je généralise à cause de quelques-uns, envoie-moi quelqu'un qui soit comme ces femmes de Jérusalem pour me rappeler la beauté de la vie et la solidité de ton amour.

Dixième station
Jésus est crucifié

Jésus, si tu l'avais voulu, tu aurais pu avoir le dernier mot. Tu aurais pu te justifier, prouver à tous ceux qui étaient autour de la croix que tu étais le Fils de Dieu. « *Descends de la croix, si tu es le Fils de Dieu, et nous croirons en toi.* » Tu aurais pu le faire. Jésus, c'est tellement dur de ne pas avoir le dernier mot, surtout quand je sais que *j'ai* raison. Jésus, toi la Vérité, est-ce que je peux croire que la vérité finira toujours par triompher ? L'important n'est pas de me justifier vis-à-vis des autres, mais de me sentir bien avec toi, avec moi-même et avec les autres.

Onzième station
Jésus promet le Royaume au bon larron

Le bon larron avait un sacré culot de te croire au dernier moment. Tu aurais pu lui dire qu'il n'aurait d'abord jamais dû transgresser la loi. Tu aurais pu le « sermonner ». Mais tu ne l'as pas fait. Tu voyais que la vie était bien plus que des règlements, même s'il en faut. La vie, c'est d'abord la réconciliation, l'acceptation de soi, du monde, c'est l'amour qui crée la bonté autour de nous. Quand je pense à ce que je dois faire, ou à ce que les autres doivent faire, apprends-moi le mystère de l'amour créateur qui peut promettre la vie éternelle à un criminel repenti.

Douzième station
Jésus parle à sa mère et au disciple

Ce devait être si dur pour Marie de se tenir au pied de la croix. Marie était au milieu de ceux qui avaient voulu ta mort. Elle voyait l'enfant qu'elle avait tenu dans ses bras, étendu sur les bras de la croix. Elle t'a entendu promettre la vie éternelle au bon larron. Elle a reçu la mission de prendre Jean comme un fils. En vérité, nous sommes tous devenus ses enfants au pied de la croix. Marie a pu garder en son cœur la beauté et la souffrance des derniers instants de leur vie ensemble, sans se mettre en colère, sans cesser de faire le bien. Jésus, donne-moi encore cette mère si merveilleuse, afin que je puisse toujours vouloir le bien en moi et autour de moi, afin que je n'exalte jamais le mal. Marie, tu es mon espoir le plus sûr.

Treizième station
Jésus meurt sur la croix

Jésus, personne ne connaît tes dernières pensées avant de mourir. Tes sept dernières paroles sont rapportées dans l'évangile, mais je me demande quelles ont été tes autres pensées. Est-ce que tu as pensé à moi ? Parfois, j'ai l'impression de savoir ce que les autres pensent, je me méfie de leur attitude envers moi. Mais je n'ai jamais peur de ce que tu penses de moi, parce que je sais que tu ne peux qu'aimer et répandre l'amour autour de toi. Jésus, aide-moi à croire en ton amour.

Quatorzième station
Jésus est mis au tombeau

Je peux imaginer toutes les façons dont je pourrais porter le deuil quand tu as été enseveli. Comme si toute l'humanité avait tenu ton corps sacré dans ses mains. Je suis dans les bras du Père, suspendu dans l'univers, en contact avec le tissu de la vie et de l'histoire, en contact avec tous les êtres humains qui ont vécu ou qui vont vivre sur cette terre. Maintenant, je sens toute la création qui gémit et attend *ma* résurrection, ce moment où il n'y aura plus ni pleurs ni souffrances. Jésus, mon Seigneur et mon Sauveur ressuscité, sois mon salut. Amen.

Pour la personne qui souffre de dépression

Choisissez une musique, une image, ou une peinture qui vous aident à voir la présence de Dieu en vous. Si c'est une œuvre d'art, placez-la en évidence à un endroit où vous pourrez la voir chaque jour. Si c'est de la musique, écoutez-la souvent, surtout quand vous êtes fatigué.

Pour un ami qui souffre de dépression

Cherchez la meilleure façon de célébrer votre ami comme le temple de la présence de Dieu. En étant peut-être simplement plus présent, plus attentif. Envoyez-lui des cartes avec des messages chrétiens, ou des e-mails.

S'attaquer aux pensées obsessionnelles et irréelles

Ceux qui souffrent de dépression luttent contre des pensées négatives, obsessionnelles, irréelles. Ces pensées, non seulement exagèrent la réalité des situations, mais elles les empêchent de croire que Dieu les aime, personnellement. Elles les empêchent de croire que quiconque puisse les aimer. Ces pensées peuvent les faire douter du sens de la vie ou leur faire croire qu'ils sont seuls et abandonnés dans cet univers, sans but. Même si ces pensées s'éclaircissent à mesure qu'ils sortent de la dépression, il faut lutter contre et prendre l'habitude de se défaire de ces pensées négatives en les confrontant à la réalité et en utilisant de courtes prières à répéter inlassablement. Je vous donne quelques idées qui vous aideront à vous débarrasser de ces pensées, et quelques suggestions de prière. Vous pourrez en choisir une qui vous parlera plus et que vous adopterez, ou bien vous pourrez les utiliser en alternance, selon les jours de la semaine ou selon votre humeur. Plus vous occuperez votre esprit avec des pensées qui vous purifient et vous donnent de la force, moins ces pensées négatives auront d'emprise sur vous. Certaines prières sont très traditionnelles, d'autres sont de nouvelles façons de s'approcher de la présence de Dieu, d'autres enfin m'ont été suggérées et je les ai trouvées très utiles pour combattre ces pensées obsessionnelles, voire ces monologues « troublants ».

Principes de base pour transcender les pensées obsessionnelles

Évaluer ce qu'on vous demande ou ce qu'on vous dit. Par exemple : 1. Tu *devrais* faire ceci. « Est-ce que je veux vraiment le faire ? Est-ce que c'est vraiment dans mon plus grand intérêt ? » 2. « Qu'est-ce qui va se passer si je le fais ? Et si je ne le fais pas ? Quelles seront les conséquences ? »

Prenez votre temps. Par exemple : 1. J'ai le droit de dire « non ». Si je dis oui, j'ai tout mon temps pour donner ma réponse et ce ne sera pas une catastrophe si je change d'avis. 2. Si je change d'avis, ce sera peut-être pénible et démoralisant, mais ce ne sera pas une catastrophe.

Fixez-vous des objectifs. Par exemple : 1. Fixez-vous des objectifs simples, réalistes, que vous pourrez atteindre facilement. Protégez votre espace vital. 2. Évaluez ce que vous pouvez faire pour que ça réussisse. Si vous pensez que ça va réussir, faites-le. Si vous pensez que ça ne va pas réussir, acceptez de ne pas le faire.

Courtes prières pour trouver la paix et la vérité

Seigneur, je suis la prunelle de tes yeux (Révérend Jack Tackney).

J'ai été saisie à ta vue, mon Amour, que tu es beau (Kathryn J. Hermes, FSP).

Mon espoir est dans mon Bien-aimé, ma force et ma joie (Nan C.Merrill).

« Qu'il me soit fait selon ta parole » (Marie, Mère de Dieu dans Luc 1, 38).

Je garde tes promesses en mon cœur (Psaume 119).

Je crois que Dieu est amour, que Dieu nous protège et nous sauve (Ste Édith Stein).

8

Fredonnez dans la pénombre

« Ô nuit qui nous guide ! Ô nuit plus belle que l'aurore ! Ô nuit qui unit l'époux et l'épouse, transformant l'aimée en l'amant. »

St Jean de la Croix

« Une des choses les plus difficiles dans la dépression, ce sont les temps de prière. Il m'est presque impossible de rester assise en silence, tout intériorisée, sans ressentir cette souffrance à cause de mes angoisses. J'ai toujours des pensées ou des souvenirs désagréables qui viennent me troubler. Quand ça m'arrive, j'essaye de pratiquer une prière de présence, je reste en prière aussi longtemps que je peux le faire dans la paix. Doucement, je sens la présence de Dieu en moi, autour de moi, avec moi. Je suis présente à Dieu. J'aime Dieu et je sais qu'Il m'aime. Cette prière n'a besoin de rien d'autre. Je n'ai pas besoin de ressentir de grandes émotions ou d'avoir des pensées extraordinaires. »

Mary Jo

On connaît bien saint Jean-Marie Vianney, le fameux Curé d'Ars, pour les seize ou dix-huit heures par jour qu'il passait à entendre les confessions et à donner des conseils spirituels à tous les pénitents qui venaient le voir chaque jour. On sait qu'il faisait aussi d'extraordinaires pénitences et qu'il jeûnait pour la conversion des pécheurs. Il a été persécuté par le diable tout au long de sa vie de prêtre. Le démon lui aurait dit que s'il y avait seulement trois prêtres comme lui dans le monde, il perdrait son royaume.

« Vous n'avez pas besoin de crier très fort ; Dieu est plus près de vous que vous ne l'imaginez. »
Frère Laurent.

Ce qui est moins connu, c'est le poids de la dépression insupportable qui a pesé sur son âme, sans répit, toute sa vie. Même s'il était l'homme que tout le monde voulait rencontrer en France, il était incapable de reconnaître tout le bien qu'il procurait autour de lui. Malgré les dizaines de milliers de pèlerins qui venaient à Ars chaque année dans l'espoir de recevoir du saint Curé le sacrement de réconciliation et ses conseils spirituels, il se sentait totalement inutile. Le prêtre qui avait réveillé la foi dans ce petit village et avait renouvelé la flamme spirituelle des Français par ses homélies et sa sainteté pensait que Dieu était si loin de lui qu'il craignait ne plus avoir la foi. Il pensait n'être pas très intelligent et n'avoir aucun discernement. C'était comme si Dieu avait recouvert ses yeux d'un voile et qu'il ne voyait pas ce que Dieu faisait à travers lui. Le saint Curé avait peur de tout gâcher, il pensait qu'il était un obstacle aux œuvres de Dieu.

La racine majeure de la dépression de saint Jean

Vianney était qu'il croyait toujours mal faire, et le fait que des milliers de gens venaient le voir à Ars ne faisait qu'accroître sa terreur. Il n'a jamais pensé qu'il pouvait avoir un quelconque charisme. Au contraire, il pensait que les longues queues de pénitents qui venaient le voir à l'église du village étaient le signe évident de son hypocrisie. Il craignait de faire face au jugement dernier avec le poids de la responsabilité de tous ces gens sur la conscience. Pas un instant, il n'a senti que Dieu était satisfait de ce qu'il faisait. Une si grande et si profonde tristesse s'était emparée de son âme qu'il n'y voyait aucune issue favorable.

Chaque fois que les tourments de la dépression le reprenaient, qu'il se noyait dans la vision de sa propre misère, le bon Curé baissait la tête et se jetait au-devant de Dieu comme « un chien aux pieds de son maître », et il laissait passer l'orage sans jamais se départir de sa résolution d'aimer et de servir Dieu de toutes ses forces. Il gardait ses souffrances pour lui et ne se confiait qu'à peu de personnes, tout le monde voyait en lui un homme heureux et paisible.

Jésus est dans les ténèbres avec vous

Vous pouvez découvrir que les ombres et les ténèbres de la dépression déforment votre façon de voir Dieu et la façon dont vous croyez que Dieu vous regarde. Quand vous priez, vous pouvez vous sentir incapable de rester tranquille ou de garder votre esprit en prière plus de quelques minutes. Tout peut vous apparaître comme un gouffre béant de silence, tout vous paraît inutile. Vous pouvez avoir l'impression que Dieu se moque de vos tentatives de prière. Je connais des gens qui pensaient avoir été incapables de « prier » pendant trois, cinq, dix ans et pourtant, ils avaient fidèlement gardé des temps de prière même s'ils les jugeaient inutiles. Dans les ténèbres étouffantes, quand toute communication paraissait impossible, ils ne ressentaient que frustration, ennui, solitude, colère. Ont-ils prié ? Oui.

« Vis dans la foi et l'espérance, même dans l'obscurité. Dieu prend soin de toi. »
Saint Jean de la Croix.

« Réciter le chapelet a été mon plus grand soutien dans les pires moments de ma dépression », me disait Joseph, employé d'une grande librairie. « J'ai acheté tant de livres sur les mystères du rosaire, les mystères eucharistiques, les mystères mariaux, les mystères de la passion, les mystères du Saint-Esprit… Cela a ouvert mon horizon à une plus grande variété de sujets de méditations et m'a permis de rester en prière tout en étant assez paisible. Cela m'a rendu le calme et la paix du cœur dont j'avais tant besoin. »

Quand il reconnaît cette angoisse du vide qui semble n'être habitée que par la ténèbre, le dépressif se sent appelé à être présent à Celui qui est présent, même si sa présence est cachée dans la ténèbre. Il y a un Dieu présent dans ce vide, c'est le Dieu de Jésus. C'est si bon d'être présent à ce Dieu, de savoir que Jésus est dans la ténèbre *avec* vous et qu'Il *est* prière *pour* vous, même quand aucune parole, aucun geste d'amour n'habitent votre cœur. L'amour éternel de Dieu est profondément ancré en nous, Il ne nous abandonnera jamais, même au plus profond de nos ténèbres. Dans la ténèbre, vous êtes seul avec le Fils de Dieu - vous êtes tous deux dans le silence. C'est Jésus qui souffre avec vous, Jésus, le Fils abandonné sur la croix. Quand vous ne pouvez pas fixer votre pensée, que vous ne pouvez pas prier, Jésus prie et contemple de l'intérieur celui qui souffre de dépression. Jour après jour, minute après minute, recroquevillé dans vos ténèbres, vous n'êtes pas seul, Jésus souffre avec vous. Avec vous, Il ressent tout ce que vous ressentez. Rien de ce que vous vivez n'échappe au Fils ni au Père. Par l'Esprit de Jésus qui habite en vous, vous pouvez espérer recevoir la paix.

Suggestions de prière quand vous êtes déprimé

St Grégoire de Naziance a écrit ces paroles quand il était lui-même dévoré par l'angoisse et la dépression et qu'il ne pouvait plus prier :

Le souffle de la vie, Ô Seigneur, m'échappe.
Mon corps est crispé, mon esprit empli d'angoisse,
je n'ai plus goût à la vie, plus d'énergie.
Je ne peux plus soulager mes peurs.
Je suis incapable de détendre mes membres.
De sombres pensées envahissent mon esprit en permanence...
Seigneur, élève mon âme, rends la vie à mon corps.

Si c'est ce que vous ressentez, essayez ces différentes formes de prière et de contemplation amoureuse :

1. *Essayez de trouver un endroit paisible.* Mettez de la musique douce. Prenez quelques respirations profondes, retenez votre souffle quelques secondes avant d'exhaler lentement. Détendez-vous. Sentez bien la chaise sur laquelle vous êtes assis, vos pieds bien au sol. Humez les différentes odeurs de la pièce. Imaginez que Jésus souriant vient à votre rencontre. Dites-lui comment vous vous sentez en ce moment, angoissé, mal à l'aise, distrait, agité, désireux de vous concentrer. Dites comment vous vous sentez aujourd'hui. Ouvrez-lui votre cœur. Laissez son amour pénétrer au plus profond de vous. Remerciez-le pour ce cadeau.

2. *Allez-vous promener en écoutant une musique agréable.* Pendant que vous marchez, regardez le ciel, les couleurs de la saison. Soyez attentif à ce qui se passe autour de vous. Sentez-vous chez vous, présent à l'instant présent. Offrez votre cœur à Jésus, même si votre peine est profonde. Vous vous promenez tout seul, et Jésus est dans votre cœur. Dites-lui ce que vous voyez… la beauté autour de vous. Dites-lui comment vous vous sentez… même s'il n'y a pas beaucoup de soleil dans votre cœur. Rappelez-vous, Il veut que vous lui disiez tout de votre vie… les joies et les souffrances.

3. *Souvenez-vous d'une autre personne qui souffre ou qui est malade.* Concentrez vos pensées sur ce que cette personne peut ressentir et pensez à ce que vous voudriez lui dire. Présentez cette personne, par son nom, au Seigneur en lui demandant de la bénir.

4. *Prenez un crucifix dans votre main.* Fermez les yeux et pensez à Jésus dans son agonie. Joignez vos

souffrances aux siennes dans son acte d'abandon pour la rédemption du monde.

5. *Si vous êtes abattu, prenez votre Bible et allez dans un endroit paisible.* Lisez le Psaume 130 ou concentrez votre attention sur une phrase de ce psaume. Accueillez la façon dont vous vous sentez, même si c'est inconfortable. Sachez que Dieu vous aime dans ces moments de trouble.

6. Quand vous ne pouvez pas vous concentrer parce que votre esprit tourne à cent à l'heure, essayez de dire ces mots : « Mon Dieu, je t'aime. » Ouvrez-vous à l'amour de Dieu.

7. *Mettez de la musique douce.* Lisez ce verset de la Bible, encore et encore : « *Mon Dieu, mon Dieu, pourquoi m'as-tu abandonné ?* » (Mc 15, 34.) C'est la prière d'abandon de Jésus.

8. Quand vous passez devant une église, arrêtez-vous et entrez quelques instants. Arrêtez-vous et parlez à Celui qui vous aime.

9. Si vous ne pouvez pas vous lever, restez couché et répétez le nom de Jésus, encore et encore. Son amour vous rejoindra à travers son nom et il vous prendra dans ses bras.

10. *Allez à l'adoration du Saint-Sacrement et passez du temps en sa présence.*

Là où est Dieu

À trente-huit ans, Sœur Thomas Harpin a découvert qu'elle souffrait de maladie bipolaire. Dans un sens, elle a été soulagée, elle savait ce qu'elle avait et sa maladie expliquait ses passages psychotiques et ses pensées suicidaires. Mais ce fut également un choc terrible pour elle. Elle m'en parlait souvent, je connaissais son histoire, mais peu de gens savaient ce qui lui était arrivé. Quand je lui ai demandé comment elle avait réussi à prier pendant toutes ces années elle m'a répondu honnêtement : « Je ne me rendais pas compte que je priais, mais j'avais pris la décision de prier. J'avais la profonde conviction que Jésus était présent dans le Saint-Sacrement. Je sentais que je lui devais de passer du temps avec lui. Alors j'allais à l'église et je m'asseyais. Parfois, j'ignorais Dieu volontairement. J'étais tellement en colère. Avant ma maladie, j'avais pu faire tant de choses, et maintenant, j'en étais réduite à ne plus rien pouvoir faire. Je pensais que Dieu m'avait joué un sale tour. Cela a duré six ou sept ans.

« Je me plaignais sans cesse à mon médecin de ce que Dieu m'avait fait. À la fin, il m'a dit : "Rentrez chez vous et pensez à toutes les belles choses dont vous pouvez lui être reconnaissante." Ce jour-là, j'étais furieuse en quittant son cabinet. Pour qui se prenait-il pour me dire ça ? Plus tard en entrant dans la chapelle, j'ai regardé le tabernacle et j'ai commencé à réfléchir. Je voyais des visages. Je voyais celui de mon médecin. Les visages de mes sœurs. Et j'ai entendu : "C'est là que Je suis. Tu ne me trouvais pas et j'étais là tout le temps. Tu ne me trouveras pas dans les visions ou les miracles.

Parce que j'ai choisi de travailler à travers les autres et seulement à travers les autres." Cette réflexion m'a fait comprendre à quel point Jésus s'était investi en moi et combien je m'étais investie en lui. C'était il y a douze ans. Maintenant, je peux lui parler, et lui parler d'amour. »

Sr Thomas a été fidèle à la contemplation silencieuse. Imperceptiblement, au cours des années, le changement s'est opéré, magnifiquement, comme la pénombre est chassée par le soleil levant. Sr Thomas a une force, une profondeur, une compassion, un cœur, une forme de prière qu'on ne trouve que chez peu de personnes. Elle a découvert un mystère de la vie du Christ que peu de gens découvrent. Elle a souffert la passion de Jésus et bu le calice jusqu'à la lie, elle en est sortie ressuscitée.

Suggestions de prière

Faites-vous un coin prière ou un endroit où vous trouverez la paix. Mettez-y des images fortes, de Jésus, de Marie ou de vos Saints favoris : un crucifix, une icône, une photo, une statue. Choisissez quelques CD dc musique instrumentale, de louange, d'adoration ou tout autre musique qui vous permet d'entrer dans de bonnes dispositions, une bonne ambiance dans lesquelles vous pouvez sentir la présence de Dieu et où vous pouvez permettre à Dieu de venir vous voir et de veiller sur vous. De l'encens ou des bougies parfumées sont des éléments sensibles qui peuvent aussi vous aider à éloigner les pensées dépressives. Quand vous ne pouvez pas prier avec des mots, le simple fait de regarder la flamme d'une bougie peut vous aider à entrer dans la paix de la contemplation. Quand vous trouvez des citations qui vous motivent, écrivez-les pour les garder dans votre coin prière. Recherchez tout ce qui peut aider à entrer dans la prière et dans la présence de Dieu. Dieu ne vous demande rien dans la prière. Dieu veut tellement vous donner quand vous lui ouvrez votre cœur. Utilisez tout ce qui peut vous aider à vous ouvrir dans la confiance.

Pour la personne qui souffre de dépression

Réfléchissez à ce que représente la prière pour vous. Comment aimeriez-vous que Dieu soit présent pour vous ? Parlez-en à Dieu.

Pour un ami qui souffre de dépression

Lisez la biographie ou l'autobiographie d'un maniaco-dépressif ou d'une personne qui a souffert de dépression.

Face aux ténèbres, Chronique d'une folie, par William Styron, Gallimard, 1990 ;

L'enfer, par Catherine Derivery, J'ai lu éditions, 2002 ;

Tomber sept fois se relever huit, par Philippe Labro, Albin Michel, 2003 ;

An Unquiet Mind, Touched by Fire : Manic-Depressive Illness and the Artistic Temperament, par Kay Redfield Jamison ;

The Depression Workbook Second Edition : A Guide for Living with Depression and Manic Depression, par M.A. Copeland.

La Parole de Dieu guérit

Dans les Saintes Écritures, vous trouverez la parole que Dieu vous adresse. Trouvez les passages qui vous touchent particulièrement et qui parlent de l'amour de Dieu. Répétez souvent ces paroles. Personnalisez ces paroles en y ajoutant votre nom, car elles vous sont réellement adressées.

——, *« Tu as du prix à mes yeux. »*
(Is 43, 4)

——, *« Je suis la lumière du monde, tu es la lumière du monde. »*
(Jn 8, 12 ; Mt 5, 14)

——, *« Je t'ai appelé(e) par ton nom, tu m'appartiens. »*
(Is 43, 1)

——, *« Ta peine se changera en joie. »*
(Jn 16, 20)

——, *« Le Seigneur ton Dieu est ta lumière. »*
(Ap 22, 5)

—, *« Décharge-toi sur lui de tous tes soucis, car il prend soin de toi. »*
(1 P 5, 7)

9

Ne détournez pas votre regard

« Avant, je sortais souvent et je voyais longuement mes amis. Aujourd'hui, ils ne m'invitent plus nulle part. Je crois qu'ils ne savent plus quoi me dire. »

Caitlyn

« Un jour, une de mes collègues m'a dit : "Tu as assez traîné sur tes problèmes. Finis-en une bonne fois pour toutes." J'étais sous le choc, mais j'ai eu le courage de lui répondre : "Est-ce que j'ai changé ?" "Ben, oui", me répondit-elle. "Bon." C'est que tout suit un certain rythme et la guérison suit aussi un certain rythme. Il n'y a pas de calendrier précis, il n'y a pas de temps trop court ou trop long pour guérir. »

Jeanine

Il n'y a qu'une chose qui soit plus dure que de souffrir de dépression, c'est d'en souffrir seul. Il y a beaucoup de raisons qui nous font fuir les dépressifs. Nous pouvons honnêtement ne pas savoir quoi leur dire. Chaque fois que nous essayons de les aider, nous rencontrons une certaine hostilité, nous nous sentons repoussés. Nous sommes maladroits parce que nous ne savons pas comment nous y prendre. Nous nous sentons frustrés et nous pensons que ceux qui souffrent de dépression n'ont qu'à faire un effort et qu'ils s'en sortiront bien tout seuls. Petit à petit, le dépressif se retrouve marginalisé et finalement oublié.

« Comment se fait-il que les philosophes, les poètes, les artistes soient tous mélancoliques? »
Aristote.

Maintenir une amitié fidèle avec un dépressif nous demande de reconnaître que nous ne pouvons pas régler sa situation, pas plus qu'il ne peut le faire lui-même. Dieu est venu nous accompagner dans nos souffrances en habitant avec nous. En Christ, Dieu a connu nos souffrances. Dieu ne nous a pas dit ce qu'il fallait faire pour les soigner ou les éliminer. Il a souffert avec nous et pour nous. Il est mort dans les ténèbres, dans l'impuissance et l'abandon pour détruire le pouvoir du péché et du mal qui nous retenait captifs, mais il n'a pas éliminé le mal et nous en ressentons toujours les conséquences. L'amour de Dieu suit une certaine dynamique, la dynamique de la croix.

Quand nous accompagnons une personne qui souffre de dépression, nous sommes également entraînés dans cette dynamique de la compassion. La première chose que nous apprenons quand nous accompagnons une personne qui souffre de dépression, c'est que tout ce que nous savons faire habituellement et qui marche si bien dans de nombreuses situations, n'a plus de raison d'être dans ce type d'amitié. Seules les dynamiques d'accompagnement, être avec, souffrir avec, comme Dieu l'a fait en Christ, ont leur raison d'être. La souffrance appauvrit aussi bien le dépressif que celui ou celle qui l'accompagne.

La pauvreté de la dépression nous offre une nouvelle leçon de l'amour divin. Dieu a révélé sa gloire dans le corps mutilé de son Fils crucifié. Aujourd'hui encore, la gloire de Dieu se révèle dans la vulnérabilité et la fragilité. Nous pensons parfois, à tort, que Dieu se révèle dans la magnificence des cathédrales et des grandes œuvres de charité. Mais la croix - comme choix de Dieu pour révéler son pouvoir et sa sagesse - nous montre que la gloire de Dieu se manifeste en fait mieux dans la souffrance angoissante, silencieuse, comme celle que le dépressif partage avec ses amis. Celui qui tend la main dans l'amitié commence à apprendre ce que sont la vulnérabilité et la pauvreté de se sentir impuissant. Mais il ou elle touchera la présence de Dieu dans son ami.

Finalement, la personne qui, sans cesse, s'occupe de son ami dépressif trouve la grâce de la confiance. Avec le temps, tous deux apprennent à s'appuyer sur leur pauvreté sans essayer de prétendre à autre chose. Tous deux peuvent offrir et recevoir l'un de l'autre. Le paradoxe, c'est que l'ami(e) s'aperçoit qu'il ou elle reçoit plus que ce qu'il ou elle donne.

Les cinq Béatitudes de l'accompagnement d'un ami dépressif

Heureux ceux qui ne donnent pas d'étiquettes

Quand vous avez décidé d'être l'ami d'une personne qui souffre de dépression, et particulièrement une personne qui souffre de dépression majeure depuis plusieurs années, vous pouvez facilement tomber dans le piège de la condescendance : ce « pauvre homme » a besoin de mon aide. Si vous pensez que votre ami a bien de la chance de vous avoir, rejetez cette idée avant même de commencer. Une telle amitié finira dans la frustration et la colère des deux côtés, parce que votre amitié est orientée vers la maladie et non pas vers la personne qui en souffre. Vous avez déjà catalogué, étiqueté votre ami. Je suis convaincue que nous enfermons beaucoup de personnes dans des petites boîtes toute leur vie. Une étiquette peut détruire l'avenir d'une personne.

De même, dans une communauté chrétienne, il n'y a pas de place pour les étiquettes. Il n'y a pas d'étiquettes dans les Évangiles. En fait, Jésus scandalise les chefs religieux de l'époque parce qu'il mangeait et buvait avec ceux qui avaient été étiquetés comme « pécheurs et publicains » par les institutions religieuses. Les idées radicales de l'amitié évangélique sont enracinées dans le cœur de Dieu « *dont le soleil luit sur les bons et sur les méchants* » (Mt 5, 45), et « *Dieu a tant aimé le monde qu'il a donné son Fils, son unique, pour que tout homme qui croit en lui ne périsse pas mais ait la vie éternelle.* » (Jn 3, 16) Jésus ne supportait pas les étiquettes et nous devrions en faire de même.

Pour nous délivrer et délivrer les personnes qui souffrent de dépression et que nous avons emprisonnées, nous allons parler de quelques personnages célèbres qui ont eu un grand impact sur le monde :

Auteurs : Hans Christian Andersen, Arthur Benson, F. Scott Fitzgerald, Graham Greene, Ernest Hemingway, William James, Ralph Waldo Emerson, Herman Melville, Eugène O'Neil, Jean Stafford, Mary Shelley, Léon Tolstoï, Mary Wollstonecraft, Tennessee Williams et Virginia Wolf.

Poètes : Charles Baudelaire, William Blake, George Gordon (Lord Byron), Emily Dickenson, T.S. Eliot, Robert Fergusson, Thomas Gray, Gerard Manley Hopkins, Victor Hugo, John Keats, Mikhaïl Lermontov, James Russell Lowell, Edna St Vincent Millay, Edgar Allan Poe, Ezra Pound, Anne Sexton, Delmore Schwartz, Lord Rennyson, Francis Thompson et Walt Withman.

Compositeurs et Musiciens : Samuel Barber, Ludwig Van Beethoven, Anton Bruckner, Kurt Cobain, John Denver, Stephen Foster, George Frédéric Haendel, Gustav Holst, Charles Ives, Modest Moussorgski, Robert Schumann, Peter Tchaïkovski, Hugo Wolf et Bern Alois Zimmerman.

Artistes : Vincent Van Gogh, Georges Innes, Ernst Ludwig Kirchner, Michel-Ange, Dante, Gabriel Rossetti.

Hommes d'état : Menahem Begin (Premier ministre israélien, prix Nobel), Winston Churchill, Calvin Coolidge, Abraham Lincoln, Richard M. Nixon.

Saints : St Jean de la Croix, Ste Thérèse de l'Enfant Jésus, St Jean-Marie Vianney, St Benoît Labre et Ste Édith Stein.

Beaucoup de gens sont surpris de découvrir le nombre de personnages connus ou qui ont bien réussi dans la vie et qui souffrent de dépression ou de troubles de l'humeur. Parmi eux : Roseanne Arnold, acteur, écrivain, comédienne (souffre également de dédoublement de la personnalité et d'autres désordres du comportement) ; Dick Cavett, écrivain et engagé dans le monde de la presse : Tony Dow, acteur, directeur ; Kitty Dukakis, femme de l'ex-gouverneur du Massachussetts ; Patty Duke, acteur, écrivain ; Connie Francis, acteur, musicien ; Peter Gabriel, musicien ; Charles Haley, athlète ; Kristy McNichols, acteur ; Spike Mulligan, acteur comique ; Abigail Padgett, auteur de romans policiers ; Murray Pezim, financier ; Charley Pride, musicien ; Axl Rose, musicien ; William Styron, écrivain ; James Taylor, musicien ; Mike Wallace, télévision ; Robin Williams, acteur, comédien.

« Nous souffrirons, mais nous souffrirons ensemble, et ainsi nous découvrirons la présence d'un Dieu qui nous consolera et nous aidera à aller de l'avant. »

Henri Nouwen, *Tu changeras mon deuil en danse.*

Il est vraiment malheureux que nous rejetions ceux qui souffrent de dépression, soit en les cataloguant comme inutiles, soit en les ignorant ou en étant paternalistes avec eux. Nous nous appauvrissons en ne nous en occupant pas et en ne nous mettant pas au service de ces « grands » pauvres.

Heureux ceux qui n'essayent pas d'être des médecins

La personne qui souffre de dépression a besoin avant tout d'un bon diagnostic et d'un bon traitement. Encouragez vos amis à aller jusqu'au bout avec leurs médecins. C'est indispensable d'avoir un examen complet si on veut obtenir un bon diagnostic. Ce qui ressemble à une dépression peut-être le symptôme d'un problème organique sous-jacent. La personne doit prendre rendez-vous et parler avec un psychologue afin de bien comprendre les sources et les symptômes de la dépression. Est-ce que la personne souffre d'une angoisse généralisée ? Est-ce qu'elle est déprimée par la perte de son travail ? Est-ce qu'elle montre des signes de stress post-traumatique ?

Même si vous ne pouvez pas être le médecin de votre ami, vous pouvez l'encourager à chercher de l'aide auprès des professionnels. Vous pouvez également encourager votre ami à poursuivre son traitement jusqu'à ce que les premiers symptômes commencent à disparaître ou bien le pousser à changer de traitement s'il n'y a pas d'amélioration. Comme chaque personne est unique et réagit de façon unique, la recherche des bons médicaments et des bons dosages peut être assez longue. Il est indispensable d'être patient et persévérant. Entretenez l'espoir, encouragez votre ami à poursuivre les traitements, à essayer de nouveaux traitements jusqu'à ce que les médecins trouvent celui qui convient. Très souvent, une personne qui souffre de dépression et qui commence un traitement aura tendance à prendre quelques raccourcis : « Je n'ai pas besoin de tous ces examens, je sais ce que j'ai. Je n'ai pas besoin de retourner chez le médecin » ; « Je me sens en pleine forme, ça va beaucoup mieux, je peux arrêter les médicaments. » Prendre des raccourcis avec la dépression ne fait que compliquer le processus de diagnostic. Encouragez votre ami à poursuivre le traitement à la lettre et à demander l'avis du médecin avant tout changement de médication.

Vous avez peut-être été la seule personne avec qui votre ami ait partagé ses sentiments et ses inquiétudes. Votre ami vous accorde une très grande confiance. Accueillez sans juger toutes les idées et suggestions qu'il ou elle voudra vous partager. Encouragez votre ami à donner à son médecin toutes les informations que vous jugerez importantes.

Heureux ceux qui donnent leur soutien affectif

La dépression peut marginaliser ceux qui en souffrent, ils peuvent avoir l'impression qu'une porte se referme sur eux, les séparant du monde des vivants. Mais vous pouvez bloquer cette porte et la garder ouverte ou au moins entrouverte. Appelez votre ami(e). Envoyez-lui des e-mails ou des fleurs. Invitez-le (ou la) à se promener, à aller faire un tour en montagne, à aller au cinéma. Allez à la messe ensemble, joignez-vous à des groupes paroissiaux. Allez faire du shopping ensemble, invitez-le (ou la) à partir en pique-nique avec votre famille. Priez ensemble, même au téléphone. Rappelez-lui que vous priez pour lui ou elle, par courrier, par e-mail. Offrez-lui de la compagnie, des activités. Sans insister pourtant, une trop forte pression peut entraîner des sentiments d'échec.

Souvenez-vous : l'intérêt que vous portez à votre ami ne dépend pas des progrès qu'il peut faire. Votre fidélité lui fera comprendre qu'il est accepté tel qu'il est, que vous avez confiance en lui. Si vous l'acceptez, il ou elle pourra s'accepter et retrouver goût à la vie.

Encore une petite histoire : Laura, la sœur de Hans, était extrêmement déprimée. Elle avait pris des congés pour rester avec sa sœur aînée parce qu'elle avait peur d'être seule. Hans vivait dans une autre partie du pays, mais il appelait régulièrement chaque semaine et il lui écrivait tous les deux jours. Il lui répétait qu'il l'aimait et que Jésus l'aimait encore plus. Hans l'assurait de sa prière, que son ange gardien était avec elle pour la protéger. Plus tard, sa sœur lui a dit que de savoir son ange gardien à ses côtés, lui donnait toujours un très grand réconfort.

Ce type d'amitié sera mis à l'épreuve de deux façons. Qu'est-ce qui peut se passer si votre ami malade ne va pas consulter un médecin, ou si, malgré le traitement et les médicaments, votre ami ne paraît pas aller mieux ? Que se passera-t-il si votre ami commence à vous en vouloir, à vous accuser de vous mêler de ce qui ne vous regarde pas ? Même si vous pouvez encourager vos amis et vous rendre disponible pour eux, vous ne pouvez pas prendre les décisions à leur place. Dieu s'occupe d'eux bien mieux que vous ne pourrez jamais le faire, et parfois tout remettre au Seigneur sera tout ce que vous pourrez faire - et en fait la meilleure chose. Dieu agit et sauve chaque personne de façon mystérieuse. Votre ami ne sera peut-être jamais bien et pourtant, aux yeux de Dieu, dans sa faiblesse humaine, il vivra un apostolat de souffrance. La tentation est grande de vouloir contrôler la situation de votre ami, mais il ou elle doit être libre de choisir sa façon de vivre, sa vocation. Tout cela vous demande une patience et une liberté extraordinaires pour, à la fois, aider votre ami et le ou la laisser libre de ses choix.

Heureux ceux qui ont compassion

Si quelqu'un venait à vous demander si vous avez de la compassion, vous diriez peut-être oui, ou au moins : « Oui, je crois ». Néanmoins, le vrai sens du mot compassion est plus fort que montrer de la sympathie ou avoir pitié. La racine latine veut dire « souffrir avec ». Montrer de la compassion veut dire partager la « passion » de l'autre. Dans son livre, *N'oubliez pas,* Henri Nouwen écrit : « Vivre avec compassion, c'est entrer avec l'autre dans ses ténèbres. C'est marcher sur les chemins de souffrances, ne pas faillir ni se détourner quand un autre agonise. Cela veut dire rester avec ceux qui souffrent. La vraie compassion nous empêche de trouver trop vite des explications quand une tragédie touche une personne que nous connaissons ou que nous aimons. » Un manque de compassion nous vient souvent d'un rejet bien trop humain de la souffrance, ce qui est une des caractéristiques de notre époque. Il est difficile de faire preuve d'une vraie compassion.

L'accompagnement d'une personne dans sa souffrance commence par un silence qui montre à la fois votre compassion et votre respect. Voilà quelques mots de compassion que vous pouvez dire :

« Je t'aime. »

« Tu m'intéresses, toi personnellement. »

« Tu n'es pas tout seul, je suis avec toi. »

« Je ne t'abandonnerai pas. »

« Ton amitié m'est précieuse. »

« On va faire ce chemin ensemble. »

« Quand tout cela sera fini, je serai toujours là et toi aussi. »

« Je veux juste te donner maintenant une épaule pour pleurer et te tenir dans mes bras. »

« Tu n'es pas fou. »

« Je ne peux pas imaginer combien c'est difficile pour toi. »

« Je suis désolé de te voir passer par là. »

« Je ne te dirai jamais : "Je sais ce que tu ressens" à moins que ce ne soit vrai, mais je ferai tout ce que je peux pour t'aider. »

Ci-dessous, je vous donne d'autres exemples de paroles qui ne sont pas des paroles de compassion et qui ne devraient jamais être prononcées devant des personnes qui souffrent de dépression :

« Tu te fais des idées. »

« Je pensais que tu étais plus fort que ça. »

« Tu as tellement de raisons d'être reconnaissant. »

« Le bonheur, c'est un choix qu'on fait. »

« Cela pourrait être pire. »

« Reprends-toi. »

« Il y a plus malheureux que toi. »

« En fait, tu deviens ce que tu penses être. »

« C'est à toi que tu fais du mal. »

« Pourquoi ne pas prendre les choses du bon côté et sourire un peu plus ? »

« Tu te fais toujours trop de souci pour ces problèmes. »

« Sors, amuse-toi pour une fois. »

« Je voudrais que ce soit juste un mauvais souvenir et te retrouver comme tu étais avant. Je n'aime pas te voir comme ça. »

« Peut-être que tu devrais faire davantage confiance à Dieu. »

« Tu es ton pire ennemi. »

« Ma vie n'est pas très drôle non plus. »

« C'est quoi, ton problème ? »

« Tu ne pourrais pas arrêter de te plaindre sans cesse ? »

« Tu n'en as pas assez de ce moi-moi-moi ? »

Heureux ceux qui contemplent l'œuvre de Dieu

Votre amitié avec une personne dépressive est aussi une forme de prière. Nous passons la majeure partie de notre vie adulte à analyser et à calculer. Mais ni le calcul ni l'analyse ne sont de bonnes fondations pour la prière. Prier, c'est observer, contempler, admirer, imaginer. Alors que vous nourrissez une amitié qui permet à l'autre d'être lui-même, je vous propose quelques suggestions :

1. Souvenez-vous des moments où Dieu est venu à votre secours. Prenez-en note. Remerciez Dieu pour ses bienfaits. Contemplez ce que Dieu a fait dans votre vie.
2. Avant de rencontrer votre ami, passez un peu de temps en silence. Détendez-vous. Soyez calme, ayez l'esprit serein. Parlez à Dieu, dites-lui que vous voulez contempler ce qu'il va faire pendant que vous êtes avec votre ami.
3. Remerciez Dieu pour chaque grâce qu'il a envoyée à votre ami, même si votre ami ne peut pas s'en apercevoir. Vous verrez que Dieu aide votre ami en son temps. Il n'a pas d'emploi du temps, pas d'agenda. Dieu est un mystère. De même que votre ami est un mystère. Laissez Dieu agir. Vous pouvez compter sur lui.
4. Priez pour votre ami.
5. Dites-lui que vous priez pour lui ou elle. De temps en temps, dites-lui que vous voyez ce que Dieu fait en lui ou en elle : « *Il me semble que Dieu te permet de te souvenir des magnifiques moments de ta vie, quand tu te sentais aimé* » ; « *Tu parais plus paisible. Dieu t'a fait un beau cadeau.* »

Suggestions de prière

Les Saintes Écritures sont remplies de passages qui donnent du réconfort et des exemples pour accompagner ceux qui souffrent. Dans toute l'histoire de la rédemption, on retrouve les mêmes émotions, les mêmes combats - et l'amour inaltérable de Dieu pour chacun de nous, sa présence immuable auprès de nous à chaque instant. Je vous livre quelques-unes de ces magnifiques pages de l'Écriture, pour vous qui accompagnez des amis qui souffrent de dépression.

« Au coucher du soleil, tous ceux qui avaient des malades de toutes sortes les lui amenèrent ; et lui imposant les mains à chacun d'eux les guérissait. »
(Lc 4, 40)

« Arrivent des gens qui lui amènent un paralysé porté par quatre hommes. Et comme ils ne pouvaient l'amener jusqu'à lui à cause de la foule, ils ont découvert le toit au-dessus de l'endroit où il était et, faisant une ouverture, ils descendent le brancard sur lequel le paralysé était couché. Voyant leur foi, Jésus dit au paralysé : "Je te dis : lève-toi, prends ton brancard et va dans ta maison." »
(Mc 2, 3-4 ; 11)

« Venez à moi, vous tous qui peinez sous le poids du fardeau, et moi je vous donnerai le repos. Prenez mon joug et mettez-vous à mon école, car je suis doux et humble de cœur, et vous trouverez le repos de vos âmes. »
(Mt 11, 28)

« "Père, si tu veux écarter de moi cette coupe... Pourtant, que ce ne soit pas ma volonté mais la tienne qui se réalise !" Alors lui apparut du ciel un ange qui le fortifiait. »
(Lc 22, 42-43)

« Marie était restée dehors près du tombeau, et elle pleurait. Tout en pleurant, elle se penche vers le tombeau et elle voit deux anges vêtus de blanc, assis à l'endroit même où le corps de Jésus avait été déposé. "Femme, lui dirent-ils, pourquoi pleures-tu ? Qui cherches-tu ?" »
(Jn 20, 11-13)

Pour la personne qui souffre de dépression

Il est difficile de faire confiance à ses amis quand on est dépressif. L'interaction avec d'autres personnes demande une forte dépense d'énergie. Vous avez du mal à croire et à espérer qu'une autre personne va vous accueillir et s'occuper de vous alors que la vie elle-même semble vous avoir abandonné. Commencez par garder à portée de main un petit carnet, pendant une semaine. Inscrivez tous les moments où vous auriez aimé que quelqu'un s'occupe de vous ou soit là, juste pour vous ; inscrivez aussi les attitudes qui empêchent qu'une telle amitié se poursuive. Par exemple, quand vous ne voulez pas rencontrer vos amis parce que vous avez l'impression qu'ils ne vont pas vous accepter. Cette attitude de dénigrement de soi ne peut qu'entretenir et augmenter votre isolement et votre solitude. À la fin de la semaine, choisissez une attitude que vous pensez pouvoir changer et qui vous permettra d'approfondir vos relations d'amitiés. Dès que vous commencez à changer d'attitudes, essayez de voir ce qui vous surprend le plus.

Pour un ami qui souffre de dépression

Après avoir parlé avec un ami qui souffre de dépression, écrivez dans un carnet les paroles que vous avez échangées et dont vous vous souvenez. Essayez de remarquer si vous vous attendiez à ce que votre ami aille mieux à cause de ce que vous lui avez dit ou si avez essayé d'être simplement détendu et de lui montrer l'amour de Dieu.

Quatre conseils pour un ami ou un membre de votre famille qui est dépressif

Premièrement : Renseignez-vous. Lisez le plus possible sur le sujet de la dépression. Il y a beaucoup de documents disponibles sur Internet et dans les bibliothèques. La dépression est une maladie grave qui nécessite l'intervention de professionnels. La dépression n'est pas une constituante du caractère d'une personne. Ce n'est pas non plus de la paresse. Ce n'est pas un coup de cafard. Les dépressifs ne font pas semblant et ne peuvent pas s'en sortir comme ça.

Deuxièmement : Exprimez-lui votre inquiétude, s'il veut bien vous parler. Respectez son intimité s'il ne veut pas parler. Proposez votre aide même si la personne en dépression ne sait pas comment vous pourrez l'aider. La plupart des dépressifs se sentent inutiles. Rappelez-lui combien vous appréciez sa présence, ce qu'elle a fait de bien dans son passé. Invitez-la à faire des activités avec vous, à visiter d'autres personnes. Sans la pousser et sans y mettre trop d'espoir non plus.

Troisièmement : Conseillez-lui d'aller consulter des professionnels. Cela peut prendre du temps, ce n'est pas évident pour une personne de reconnaître qu'elle a besoin de l'aide de professionnels. Expliquez, avec délicatesse, pourquoi vous êtes inquiet, en décrivant les changements que vous avez observés dans son attitude et son humeur. Demandez-lui ce qui ne va pas, si elle sait ce qui ne va pas. Proposez-lui des noms de médecins ou même de l'accompagner chez un médecin. Vous pouvez appeler le médecin avant la consultation si vous avez des informations qui pourraient l'aider dans son diagnostic.

Quatrièmement. Ce n'est pas facile de fréquenter une personne en dépression. Prenez aussi soin de vous, surtout si vous sentez que vous devenez irritable ou que vous arrêtez certaines de vos activités que vous appréciiez auparavant et qui vous procuraient de la joie et de l'enthousiasme, ou si vous vous inquiétez excessivement de la situation. Si cette personne vous accapare trop, prenez soin de vous de la façon suivante :

1) Demandez l'aide d'autres personnes proches.

2) Analysez vos sentiments et exprimez ce que vous ressentez, vos besoins, à la personne qui est en dépres-

sion ; par exemple : « J'ai beaucoup d'affection pour vous, mais j'ai aussi besoin de temps pour moi. »

3) Parlez avec un ami, un membre de votre famille, un prêtre, etc.

4) Gardez du temps pour vous, faites du sport, de la marche, gardez un régime alimentaire équilibré, faites des activités que vous aimez.

⸻ 10 ⸻

La guérison n'est pas toujours au rendez-vous

« Il faut que ça se finisse. Je veux continuer à vivre normalement et être la personne que je dois être. »

Rad

« Au début de ma dépression, j'ai fait une neuvaine avant Noël. Avec autant de foi que je le pouvais, j'ai demandé à Dieu de me guérir - ce serait mon cadeau de Noël de sa part. À la messe de minuit, je suis allée communier en me préparant à recevoir ma guérison. Pendant que je parlais à Jésus, il m'a demandé très gentiment : "Est-ce que tu serais d'accord si je ne te guérissais pas aujourd'hui ?" C'était la première fois que je me rendais compte de la tendresse de Jésus, et sa gentillesse m'a touchée jusqu'au plus profond de moi. Que pouvais-je répondre d'autre que : "D'accord" ? Je dois dire que j'étais plutôt déçue. Seize ans plus tard, je lui en suis toujours reconnaissante (et surprise que je puisse dire cela). Je suis bien

plus forte aujourd'hui. J'ai beaucoup plus de courage. Peut-être que ma vie aurait été plus facile, mais je ne serais pas devenue la personne que je suis aujourd'hui. J'ai attendu seize ans pour recevoir mon cadeau de Noël, et je suis guérie. »

Sr Marie

Il y a quelque chose de paradoxal dans la dépression et dans les troubles de l'humeur. Les malades peuvent recevoir des cadeaux magnifiques même s'ils ne peuvent pas les utiliser pleinement. Partout, vous trouverez des exemples de personnes qui souffrent de dépression et qui ont pourtant une vie bien remplie, abondante même. Il y a aussi des miracles et beaucoup sont entièrement guéris après leur première dépression. Certains ont des dépressions saisonnières. Mais d'autres encore ne se débarrassent jamais complètement de leur dépression, même s'ils peuvent avoir une vie presque normale. Si vous voulez à tout prix être comme tout le monde, vous vous contenterez d'un pâle reflet de la joie ou de la peine, du sens de la vie, et de l'amour. La dépression et les troubles de l'humeur peuvent être un appel très fort, une véritable vocation et donner un sens très profond à votre vie.

« Les plus grandes bénédictions nous viennent par la folie. »
Socrate.

Par exemple, Annie a quarante-cinq ans, elle souffre de douleurs chroniques et d'une dépression qui est la conséquence de ces douleurs. Elle parle de son expérience : « Avant, je pensais que Dieu pouvait faire un miracle s'il le voulait. Comme il ne l'a pas fait, je me suis dit qu'il ne pouvait pas m'aimer vraiment, que je ne valais pas la peine qu'il pense à moi. Aujourd'hui, je vois les choses différemment. Je ne suis pas guérie, mais Jésus m'a donné la grâce de le connaître intimement et de savoir qu'il m'aime au-delà de toute mesure. Il m'a aidée à voir que la ténèbre et la souffrance ne voulaient pas dire que j'étais mauvaise, ou que si je ne m'en sortais pas, c'est que je ne le voulais pas. Non, au contraire, Jésus est juste à côté de moi, il souffre avec moi, et il m'encourage par sa présence, par les mots d'encouragement et d'amour qu'il me souffle. »

Dans le corps du Christ, il n'y a pas de gaspillage, tout est utile, même la dépression.

Saint Benoît-Joseph Labre

À la veille de la Révolution française, l'Europe était envahie de mendiants et l'histoire se souvient peu de ces sans-noms, de ces sans-visages. L'un d'entre eux pourtant n'a pas été oublié : Benoît-Joseph Labre, canonisé en 1883. Il est né à Amettes, en France, le 27 mars 1748. Benoît est le fils de Jean-Baptiste Labre et Anne-Barbe Gransire. Ce fils aîné d'une famille de paysans a vite conquis le cœur des gens des villages alentour par son honnêteté, son attention aux autres et son intelligence remarquable. Dès son plus jeune âge, il était prévu que Benoît serait prêtre, et il passa dix ans à étudier sous la tutelle de ses oncles. Benoît voulait être ordonné prêtre, mais il ne se sentait pas appelé à la vie de curé de paroisse. Au contraire, Benoît se sentait attiré par la règle plus stricte de la vie monastique, une attirance qui ne fit que grandir à la lecture des sermons du Père Le Jeune, un Oratorien du XVIe siècle dont les sermons enflammés, l'interprétation brutale des Écritures et les descriptions effrayantes du Jugement dernier ont beaucoup influencé le désir de mortification déjà naturel chez Benoît. En lisant et en relisant les sermons du Père Le Jeune, Benoît qui avait une peur salutaire du péché en vient à être horrifié par la terreur d'être séparé de Dieu. Il a des crises de scrupules qui vont le poursuivre toute sa vie.

« Vous et moi, nous ne savons pas comment un individu est transhumanisé : que savons-nous du chemin qu'il doit parcourir pour atteindre l'illumination ? »

T.S. Eliot,
Le Cocktail.

Benoît entreprend une vie d'extrême pénitence en expiation des péchés commis contre le « Bon Dieu ». Il pense à entrer dans un monastère. Mais les Trappistes le refusent. Il frappe à la porte des moines Cartusiens qui le refusent également. En fin de compte, ce sont les Cisterciens qui vont l'accepter. Peu après avoir goûté à la joie d'être admis au noviciat de l'abbaye cistercienne de Sept-Fons, la ténèbre qui avait toujours été sa compagne depuis sa jeunesse revient.

Benoît travaille dur aux travaux du monastère. Quand il tombe gravement malade avec de fortes fièvres, les moines s'inquiètent pour ce jeune novice qui veut passer sa vie en pénitence, qui est beaucoup trop strict avec lui-même, beaucoup plus que ne l'exige la règle, qui souffre de crises de scrupules et d'un sentiment exagéré de culpabilité. Le Père Abbé doit lui dire que sa santé ne lui permet pas d'endurer les rigueurs de la vie monastique à l'abbaye de Sept-Fons. Dieu avait sûrement prévu autre chose lui.

Benoît se sent écrasé de ne pas pouvoir accomplir son rêve de toujours. Il ne veut pas rentrer chez lui, il décide alors de trouver son cloître dans le monde.

En 1770, Benoît commence son pèlerinage, parcourant l'Europe et priant dans tous les sanctuaires, en Allemagne, Italie, France, Suisse et Espagne. Il voyage comme un mendiant, sans domicile fixe, beaucoup se moquent de lui ; d'autres le respectent, ceux qui le voient passer des heures en prière et se dépenser en œuvres de charité pour les plus pauvres que lui. Il voyage ainsi de sanctuaire en sanctuaire pendant sept années, passant ses journées en prière dans toutes les églises qu'il trouve sur son chemin. En 1777, il s'installe à Rome, dormant près du Colisée et priant dans toutes les églises de Rome. En vieillissant, il perd ses forces et dort dans des foyers pour les sans-abri. Le Vendredi Saint 1783, après la Vénération de la Croix au sanctuaire de la Madonna dei Monti, Benoît s'effondre dans la rue et meurt. Une semaine auparavant, Benoît avait dit à son confesseur qu'il était enfin débarrassé de ses scrupules, de sa tristesse et du sentiment qu'il avait de son indignité. Une vie entière de tâtonnements, de combats, d'humiliation et de recherche de la présence de Dieu s'était enfin ouverte à un horizon d'amour qui l'avait comblé de joie.

Les souffrances qu'on vit en Dieu comportent une part de cette immensité et de ce mystère de la personne de Dieu. Les personnes qui souffrent de dépression ou d'autres troubles psychologiques sont invitées à vivre une vie toute différente de la simple « vie productive ». L'utilité, la productivité, les apparences, la motivation ne sont que la surface de ce que doit être toute vie. Ceux qui sont handicapés par la dépression peuvent être des voix prophétiques du divin dans un monde stigmatisé par l'efficacité et les résultats immédiats.

Ce n'est pas facile. Comme Benoît, vous pouvez avoir à lutter toute votre vie contre la dépression. Vous pouvez vous sentir inutile, comparé à ce que vous pouviez faire avant d'être malade. Vous pouvez tout ignorer de la vie des saints et des prophètes dont les vies ont été loin d'être faciles. Vous pouvez même vous éloigner de Dieu. Tout cela n'a pas d'importance. Le Christ forme votre vie comme un artiste, utilisant vos souffrances physiques et psychologiques pour en façonner les moindres détails. Alors que la dépression peut faire s'écrouler vos rêves et altérer votre façon de vivre, l'intensité de vos désirs spirituels peut transformer vos ténèbres en lumière.

D'innombrables psychologues, thérapeutes, médecins, prêtres, parents ont senti la bénédiction de Dieu sur eux alors qu'ils observaient cette lente, difficile et merveilleuse transformation. Mildred Duff, cofondatrice de la Guilde de saint Benoît-Joseph Labre, aide spirituellement ceux qui souffrent de troubles psychologiques et les malades mentaux, leurs familles et amis. Elle écrit une centaine de lettres chaque mois aux personnes qui ont partagé avec elle leurs combats et leurs souffrances. À travers ces lettres, Mildred aperçoit des éclats de l'œuvre étonnante de Dieu dans la vie de ceux qui souffrent de dépression. En réponse à l'appel d'une femme qui souffrait d'angoisses, Mildred a écrit ces mots qui peuvent nous soutenir et nous aider tous dans notre pèlerinage sur cette terre.

> Si les mots pouvaient vous prendre dans leurs bras, vous pourriez les sentir maintenant, vous étreignant de mon amour. Vous devez toujours vous souvenir que Dieu et sa Mère, qui est aussi votre mère, vous aiment d'un amour qui surpasse tout.
>
> Vous êtes l'enfant chérie de Marie, vous êtes couronnée d'épines et c'est Jésus, votre frère, qui souffre avec vous.
>
> Si vous ne comprenez pas ces mots maintenant, sachez que Jésus sait ce que vous ressentez, écoutez ce qu'il vous dit : « Certains ne me voient pas en toi ! Mais tu le dois, parce que je te le demande : Acceptes-tu de porter cette couronne d'épines avec moi ? Prépare ton cœur et redresse la tête. Toi et moi, nous allons offrir nos souffrances pour le salut de tous, même de ceux qui nous rejettent, toi et moi… »
>
> Oui, Benoît-Joseph Labre vous aidera à porter votre « couronne d'épines ». Demandez-lui son aide… Faites le maximum que vous pouvez faire, étant données les circonstances. Essayez seulement !! C'est ce que nous demandons aux membres de notre association et c'est ce que j'essaye de faire également. Essayez seulement !!

Suggestions pour la prière

Mon Bon, mon Tout, seul Objet de mon amour - Viens ! J'espère ta présence, je gémis après toi, je t'attends ! Chaque délai de ta venue me semble comme mille ans ! Viens, Seigneur Jésus, ne tarde pas.
Prière de saint Benoît-Joseph Labre

Pour la personne qui souffre de dépression

Lisez la vie de saint Benoît-Joseph Labre ou de sainte Thérèse de Lisieux. Pensez à vous joindre à une association des amis de saint Benoît-Joseph Labre en recherchant sur Internet.

Pour un ami qui souffre de dépression

Remerciez Dieu pour la façon dont Il travaille dans la vie de votre ami. Dites à votre ami que vous remerciez Dieu pour cette amitié entre vous.

La nuit spirituelle de Mère Teresa

Vous retrouvez le visage souriant de Mère Teresa sur des milliers de photos, elle voulait être « l'apôtre de la joie. » Tout le monde ne sait pas que Mère Teresa a joui de visions et de locutions intérieures de Jésus (1946-1947) et qu'elles lui ont causé des souffrances terribles.

Dans ses visions, Jésus lui demandait de fonder l'ordre des Sœurs de la Charité, mais au moment où elle commençait à répondre à la demande de Jésus, elle s'est sentie envahie par la dépression et incapable. En fait, toute sa vie, elle a travaillé à son œuvre dans le doute et les ténèbres. Selon Carol Zaleski, Mère Teresa a souffert une nuit spirituelle classique pour une personne de notre époque : « Le doute radical, non seulement de son propre état de grâce, mais aussi des promesses de Dieu et même de son existence[7]. » Mère Teresa a parlé de la dépression existentielle qui touche tant de nos contemporains et, comme l'une d'entre nous, elle nous montre un chemin qui est traversé par le doute et le désespoir, conséquences de la dépression. Mère Teresa a changé les sentiments qu'elle éprouvait d'avoir été délaissée par Dieu[8] en un acte d'abandon total à sa volonté. Ce faisant, elle a donné le témoignage de la fidélité, chose dont notre monde a tellement besoin[9].

Les ténèbres, le doute et la dépression faisaient partie intégrante de sa vie spirituelle et de sa vocation. À travers sa souffrance, elle a pu entrer en contact avec la pauvreté d'une manière bien plus profonde qu'à travers la misère visible qui l'entourait dans les rues de Calcutta. Elle a connu personnellement la pauvreté de la solitude, de la perte du sens de la vie dont les dépressifs souffrent profondément. Elle a pu comprendre combien il était

---

7. Carol Zaleski, « The Dark Night of Mother Teresa », *First Things*, mai 2003, p. 24-27.
8. *Ibid.*
9. *Ibid.*

difficile de croire, d'espérer en des jours meilleurs, et de croire que Dieu avait prévu quelque chose de merveilleux pour elle. Elle a connu la frustration de faire des œuvres qui semblaient n'avoir aucun sens dans un monde égoïste comme le nôtre. Elle a écrit :

> Le monde est parfois fou, illogique et égoïste ;
> pardonnez-lui quand même.
>
> Si vous êtes bon, le monde vous accusera d'avoir des intentions égoïstes et des arrière-pensées ;
> soyez bon quand même.
>
> Si vous atteignez votre but, vous gagnerez de faux amis et de vrais ennemis ;
> persévérez quand même.
>
> Si vous êtes honnête et franc, le monde vous trompera ;
> soyez franc et honnête malgré tout.
>
> Ce qui vous aura pris des années à bâtir, un autre le détruira en un instant ;
> bâtissez malgré tout.
>
> Si vous trouvez la paix et le bonheur, ils seront jaloux ;
> soyez heureux malgré tout.
>
> Le bien que vous faites aujourd'hui sera oublié demain ;
> faites le bien malgré tout.
>
> Donnez au monde le meilleur de vous-même, ce ne sera jamais assez ;
> donnez au monde le meilleur de vous-même malgré tout.

En fin de compte, tout se passe entre Dieu et vous ;
ce n'est jamais entre eux et vous, de toute façon.

Mère Teresa le savait d'expérience… d'expérience personnelle. Son magnifique sourire était son message à ceux qui souffrent de dépression ou de doute : « Souriez. » Vous n'avez qu'une chose à faire : aimer et croire. À travers la vie de Mère Teresa, nous savons que la dépression et le désespoir n'ont pas le dernier mot, ni maintenant ni jamais. Elle montre bien que la dépression n'a pas de pouvoir contre le désir et la volonté de croire.

Épilogue

Vous trouvez-vous dans cet abysse de ténèbres de la dépression, cet endroit sans espoir, côtoyant la solitude et la perte de sens ? Tout espoir et toute foi semblent avoir réellement disparu. Saint Jean de la Croix, qui a été enfermé neuf mois à cause de sa foi, a expérimenté au plus profond de lui-même la désolation et la dépression. Il a décrit son expérience comme si l'âme elle-même se sentait impure et misérable, ne méritant pas l'attention de Dieu ni de personne. Dans la souffrance mentale et la dépression, il est presque impossible de reconnaître ce qui est du domaine de la maladie mentale et ce qui est du domaine de la nuit spirituelle à travers laquelle Dieu conduit ceux qu'il aime. Heureusement, ce n'est pas à vous d'en faire le tri.

Grâce à Dieu, la dépression n'est pas plus un temps gaspillé que ne le serait l'hiver parce qu'il ne produit pas de fruits visibles. Là où vous vous trouvez, vous pouvez donner naissance à une vie qui portera du fruit en abondance. C'est un temps créatif, même si vous ne vous en rendez pas compte. Les saints que vous avez rencontrés dans ce livre et les moments-clefs dans l'histoire du salut vous ont montré que certaines actions vitales, indispensables, peuvent être accomplies même dans la faiblesse.

Dieu n'a pas besoin de notre puissance ; Dieu préfère œuvrer dans la faiblesse. Dieu lui-même s'est fait faible et petit. Dans notre esprit humilié, l'Esprit créateur de Dieu est plus libre pour faire son œuvre. L'auteur spirituel Maria Boulding a écrit un jour : « Comme les arbres, nous faisons mieux voir la gloire de Dieu une fois dénudés que dans l'opulence du feuillage estival[10]. » C'est le choix de Dieu ; d'Abraham qui, sur l'appel de ce Dieu qu'il ne connaissait pas, a marché vers un monde inconnu ; de Jésus, crucifié dans le dépouillement et l'échec. Il est clair que c'est Dieu qui a choisi cette façon de faire.

À travers la faiblesse, il y a quelque chose de nouveau qui vient dans notre monde. À travers vous, quelque chose de nouveau nous est donné, à nous tous qui courons dans ce monde si pressé. Vous avez une vocation indispensable pour le monde. Comme Jean-Paul II l'a écrit dans sa lettre apostolique *Salvifici Doloris* du 11 février 1984, n°26 :

> « La souffrance, en effet, ne peut être transformée par une grâce venant du dehors, mais par une grâce intérieure… Mais un tel processus intérieur ne se développe pas toujours de la même manière… Le Christ n'explique pas abstraitement les raisons de la souffrance, mais avant tout, il dit : "Suis-moi" ! Viens ! Prends part avec tes souffrances à cette œuvre de rédemption qui s'accomplit par ma propre souffrance ! Par ma Croix ! Au fur et à mesure que l'homme prend sa croix en s'unissant spirituellement à la Croix

10. Maria Boulding, *The coming of God,* Collegeville : Liturgical Press, 1986, p. 41.

du Christ, le sens salvifique de la souffrance se manifeste davantage à lui[11]. »

Dans votre souffrance, vous devenez un grand prophète, en portant la Croix du Christ avec ses forces et sa lumière.

ꕤ

« Immergée dans le Pouvoir de Création permanent
qui pénètre mon propre monde avec des rythmes assurés,
je m'ouvre à la mystérieuse Présence qui, dans le silence,
tisse les gens et les événements,
empiète sur les vies et les époques
laissant son empreinte indélébile sur la mémoire spatiale
et nous, pèlerins de notre histoire actuelle,
nous évoquons les uns aux autres cette attente
d'une réponse d'appartenir à un monde
que nous appelons notre vie.
Jamais l'un sans l'autre,
pas d'homme sans son passé,
échanges vitaux de nos intimités
qui marquent le cœur pour toujours.
Aujourd'hui est un mystère qui se déroule
et commande un mouvement éternel
dont le but, au-delà des étoiles,
défie l'entendement limité. »

Sœur Thomas Halpin, FSP,
le 8 juin 1994.

---

11. Jean-Paul II, *On the Christian Meaning of Human Suffering*, Boston : Pauline Books and Media, 1984, n° 26.

Table des matières